Karl Herndl

Führen im Vertrieb

So unterstützen Sie Ihre Mitarbeiter direkt und konsequent

2., ergänzte Auflage

GABLER

Bibliografische Information Der Deutschen Bibliothek
Die Deutsche Bibliothek verzeichnet diese Publikation in der Deutschen Nationalbibliografie; detaillierte bibliografische Daten sind im Internet über <http://dnb.ddb.de> abrufbar.

1. Auflage März 2003
2,. ergänzte Auflage Januar 2005

Lektorat: Manuela Eckstein

Der Gabler Verlag ist ein Unternehmen von Springer Science+Business Media.
www.gabler.de

Umschlaggestaltung: Nina Faber de.sign, Wiesbaden
Satz: ITS Text und Satz Anne Fuchs, Pfofeld-Langlau
Druck und buchbinderische Verarbeitung: Wilhelm & Adam, Heusenstamm
Gedruckt auf säurefreiem und chlorfrei gebleichtem Papier
Printed in Germany

ISBN 3-409-22384-3

Karl Herndl

Führen im Vertrieb

Vorwort

Liebe Leser,

die provokante Frage gleich zu Beginn: Womit verbringen Führungskräfte im Vertrieb den größten Teil ihrer Arbeitszeit?

Legen Sie das Buch jetzt nicht aus der Hand. Ich will Ihnen nicht zu nahe treten, sondern Sie einladen, mit mir der Frage nachzugehen, warum es so schwierig ist, wirkungsvoll zu führen, und welche Wege es aus dieser Misere gibt. Ich habe als Führungskraft einige Jahre eine große Vertriebseinheit geführt und damals am eigenen Leib erfahren, was für eine große Herausforderung diese Aufgabe ist.

Seit fünf Jahren nun trainiere ich Führungskräfte aller Branchen und mache in meinen Seminaren immer wieder dieselbe Erfahrung: Wir haben andauernd administrative oder organisatorische Tätigkeiten zu verrichten, anstatt uns tatsächlich und permanent um die Entwicklung unserer Mitarbeiter zu kümmern.

Natürlich passiert in den Vertriebseinheiten immer wieder Führungsarbeit. Die Frage ist aber, wie nahe am Geschehen sind Führungskräfte mit ihren Führungsaktivitäten?

Sie werden kaum selbst verkaufen, deshalb müssen Sie Ihre Mitarbeiter in die Lage versetzen, „es" tun zu können. Das geht aber nur, wenn Sie selbst eine sehr klare Vorstellung davon haben, wie der Verkaufsprozess in Ihrer Branche abläuft, und genau diesen Ablauf mit Ihren Mitarbeitern immer wieder trainieren.

Direkte Führung setzt genau da an, wo der Mitarbeiter in seinem täglichen Arbeitsablauf wirklich getroffen wird. Direkte Führung ist unmittelbar „am Mann", zeigt, hilft, entwickelt, kontrolliert. Ich behaupte, dass diese Art von Führung in den Vertriebseinheiten nicht die Regel, sondern die Ausnahme ist.

Mit diesem Buch lade ich Sie ein, die wirkungsvollsten Möglichkeiten „direkten“ Führungsverhaltens zu entwickeln.

Wenn Sie sich mit diesem Buch beschäftigen und die wesentlichen Punkte in Ihr Führungsverhalten einfließen lassen, werden Sie den Erfolg rasch an Ihren Verkaufszahlen messen können.

Viel Spaß beim Lesen wünscht Ihnen

Ihr

Karl Herndl

Inhaltsverzeichnis

Führung im Vertrieb: Eine Bestandsaufnahme

1. Der typische Tag einer Führungskraft

An einem herrlichen Frühsommertag im Juni 1991 war ich unterwegs in das Büro einer regionalen Geschäftsstelle meines Unternehmens. Damals arbeitete ich als Personalentwickler beim größten österreichischen Versicherungsunternehmen. Meine Aufgabe an diesem Tag bestand darin, eine regionale Führungskraft einen Tag lang zu begleiten, um Erfahrungen zu sammeln und zu sehen, was denn „draußen" so alles „passiert". Herr Huber war der direkte Vorgesetzte von etwa 25 Verkäufern, die in einem Umkreis von ungefähr 50 Kilometern angesiedelt waren. Seine Aufgabe bestand in der direkten Unterstützung der Verkäufer vor Ort.

Herr Huber begrüßte mich sehr freundlich. Er war über meinen Besuch informiert worden und hatte Kaffee und Gebäck vorbereitet. Zuerst führte er mich durch die Räumlichkeiten der Geschäftsstelle und stellte mich den anwesenden Mitarbeitern vor. Später saßen wir in seinem Büro. Herr Huber zeigte mir die Entwicklung seines Verkaufsgebiets und einzelner Mitarbeiter anhand von Statistiken.

Die Zahlen zeigten einen im Vergleich mit anderen Verkaufsgebieten durchschnittlichen Entwicklungsstand. Es gab besonders gute und weniger gute Verkäufer, es gab überdurchschnittliche Leistungen, aber auch deutliche Abfälle bei der Gesamtproduktion einzelner Sparten im Vergleich zu anderen Verkaufsgebieten.

Für den weiteren Tagesverlauf hatte sich Herr Huber die Reise in eine etwa 50 Kilometer entfernt gelegene Geschäftsstelle vorgestellt. Dort hatte er für 11 Uhr eine Besprechung im Verkaufsgebiet angesetzt. Danach sollten wir gemeinsam Mittag essen und später einen Verkäufer bei einem schwierigen Verkaufsgespräch unterstützen. Soweit, so gut.

Auf der Fahrt schüttete mir Herr Huber sein Herz aus. Er redete über Prozesse im Unternehmen, die seiner Ansicht nach in die falsche Richtung liefen. Er erzählte auch von Verhaltensweisen und Einstellungen seiner Mitarbeiter. Sie taten einfach nie das, was er von ihnen verlangte.

Die Geschäftsstellenbesprechung wurde damit eröffnet, dass Herr Huber die Frage stellte, was es denn Neues gäbe. Hier exemplarisch einige Aussagen:

Herr Huber: „Was gibt es Neues?"

Mitarbeiter 1: „Bei den Tarifen für die Autoversicherung liegen wir momentan über dem Marktschnitt. Da muss etwas passieren."

Mitarbeiter 2: „Ja, die Konkurrenz macht uns das Leben zurzeit sehr schwer. Wir brauchen bessere Konditionen. So um die 20 Prozent Rabatt sollten es schon sein, wenn wir eine Chance haben wollen."

Herr Huber: „Das Thema haben wir beim letzten Mal auch schon besprochen. Ich habe Ihnen gesagt, dass wir derzeit nur 10 Prozent Rabatt geben können, und das auch nur, wenn die Kundenbeziehung passt. Das heißt, wir müssen dem Kunden erklären, wie gut er bei uns im Schadensfall beraten ist."

Mitarbeiter 2: „Das tun wir doch, aber die Konkurrenz schläft auch nicht."

Herr Huber:	„Wir müssen da jetzt durch. Die Zeiten werden sich bestimmt wieder ändern. Was gibt es sonst noch?“
Mitarbeiter 3:	„Ich habe ein paar Fragen zur Versicherungssparte X.“
Herr Huber:	„Ja, ich höre ...“

Im Folgenden wurden Fragen zu Fachthemen behandelt, Karriereentwicklungen einzelner Mitarbeiter grob gestreift und Fragen zur Organisation für das Betriebsfest geklärt. Am Schluss verteilte Herr Huber noch Unterlagen zu „unbetreuten“ Kunden aus der EDV an einzelne Mitarbeiter mit der Bitte um Bearbeitung. Dann endete die Besprechung.

Meiner Ansicht nach hatte die Besprechung zur Entwicklung einzelner Mitarbeiter bzw. des Verkaufsgebiets so gut wie nichts beigetragen. Nicht analysiert wurde, wo Stärken und Schwächen liegen bzw. welche konkreten Arbeitsleistungen für die nächsten Tage erwartet würden. Herr Huber blieb in allen seinen Aussagen unkonkret und unverbindlich. Die Mitarbeiter wollten sich aber offensichtlich auch nicht wirklich auf echte Diskussionen einlassen. Alle warteten auf das Ende der Besprechung, damit jeder wieder so weiter arbeiten konnte wie bisher, wenn der Chef endlich wieder weg ist. Was mit dem verteilten „Kundenmaterial“ geschehen würde, können Sie sich wahrscheinlich vorstellen. Ein paar Verkäufer werden diese Kunden wohl angerufen und einen Termin vereinbart haben, die meisten aber haben dieses Material vermutlich einfach in der Schreibtischschublade verschwinden lassen. Wie auch immer man den Wert dieser Besprechung einstufen will, direkte Führungsarbeit ist dabei jedenfalls nicht passiert.

Nach dem Mittagessen machten wir uns gemeinsam mit einem Mitarbeiter auf den Weg zu einem Kunden. Der Mitarbeiter hatte mit dem Kunden Vorgespräche über eine größere Finanzierung geführt, Herr Huber sollte nun bei einem weiteren Gespräch unterstützen.

Bald war klar, dass der Kunde schon hoch verschuldet war und seine Bank ihm jeglichen weiteren Kreditrahmen verwehrt hatte. Herr Huber blieb nur die Feststellung, dass unter diesen Umständen jeder weitere Schritt sinnlos sei. Wir verließen diesen Kunden bald wieder und machten uns auf den Heimweg.

Im Auto gingen wir das erlebte Verkaufsgespräch noch einmal durch. Es ist natürlich nichts dagegen einzuwenden, dass Führungskräfte ihre Verkäufer vor Ort unterstützen. In diesem Fall hätte es aber vorher einer genauen Abklärung bedurft, warum die Hausbank des Kunden die Finanzierung nicht übernehmen wollte. So mäßig vorbereitet war dieses Gespräch reine Zeitverschwendung. Darauf angesprochen, erwiderte Herr Huber, dass seine Mitarbeiter solche Gespräche leider sehr schlecht vorbereiteten. Die Besprechung in der Geschäftsstelle wurde nicht näher erörtert.

Ich war nach diesem Tag ziemlich schockiert darüber, wie Führungsarbeit in diesem Fall praktiziert wird. Natürlich hatte ich nur ein Beispiel erlebt, leider aber ein typisches, wie mir ähnliche „Praxistage“ später noch zeigen sollten.

Sie als Leser werden zu Recht sagen, dass ich das Beispiel vor mehr als zehn Jahren erlebt habe, und inzwischen doch bei der Führungskräfteausbildung einiges passiert ist. Das stimmt natürlich. In die Ausbildung von Führungskräften ist tatsächlich viel investiert worden. Diverse Techniken wie Teamführung, Leitung von Sitzungen, Coaching von Mitarbeitern und Ähnliches füllen die Ausbildungskataloge. Ich behaupte aber, dass noch immer nicht wirklich geführt wird.

Führen heißt, von Menschen einzufordern, dass diese ihren Job tun, und zwar in genau der Weise, die zum Erfolg führt. Was das genau ist, werden wir uns später noch ansehen. Führungskräfte verstecken sich immer noch zu gern hinter administrativen Tätigkeiten, die zwar unumstritten notwendig sind, aber mit der Förderung und Entwicklung von Mitarbeitern nichts zu tun haben. Mit Förderung von Mitarbeitern meine ich aber keine stundenlangen Coaching-Gespräche, die zwar auf der Beziehungsebene einiges bewirken mögen, aber keine messbare Entwicklung garantieren. Ich meine auch keine Motivationsveranstaltungen. Sie können Ihre Mitarbeiter langfristig nicht von außen motivieren. Motivation muss im Herzen des Verkäufers wohnen. Er muss prinzipiell bereit sein, mit Begeisterung zu verkaufen, und Sie als Führungskraft sind aufgefordert, ihm zu zeigen, wie dies funktioniert.

Dazu ist es notwendig, sich mit dem erfolgreichen Verkaufsprozess in der Branche, in der Sie arbeiten, intensiv auseinander zu setzen. Erst wenn Sie wissen, wie ein Erfolg versprechender Verkaufsprozess genau aussieht, können Sie mit Ihren Mitarbeitern darüber sprechen, konkrete Umsetzung einfordern und kontrollieren. Alle anderen Aufgaben, die Sie durchführen, sind möglicherweise notwendig, halten Sie aber vom Führen ab. Wir werden uns später das Zergliedern von Verkaufsprozessen und die Arbeit mit den Mitarbeitern genauer ansehen.

Wie der konkrete Verkaufsprozess aussieht, davon haben Führungskräfte meist noch ein ziemlich genaues Bild. Das Problem liegt aber im Transfer zu den Mitarbeitern – sowohl im Transport von fachlichen Inhalten (Arbeitstechniken) als auch und vor allem im konkreten Einfordern von entsprechenden Handlungsweisen bei den Mitarbeitern.

Dafür gibt es zahlreiche Gründe. Verkäufer sind von Natur aus (hoffentlich) dynamische Typen, die sich ungern von Führungskräften bevormunden lassen. Und wir alle sind Meister im Erfinden von Ausreden, warum wir etwas „nicht so gemacht" haben, bzw. warum gerade dieses verkäuferische Verhalten bei diesem Kunden oder in diesem Verkaufsgebiet „nicht angewendet" werden kann. Die Führungskraft fordert zwar weiterhin ein, wird aber angesichts der vermeintlichen Hindernisse bald müde und gibt schließlich auf.

Ein weiterer Grund besteht in der Abhängigkeit der Führungskräfte von ihren Verkäufern. Gute Verkäufer finden auch anderswo schnell einen Job oder haben aufgrund der Leistungen der letzten Jahre oft ein so hohes Grundgehalt, dass sie eine sich selbst auferlegte Durststrecke leicht durchstehen.

Darüber hinaus ist zu beachten, dass Führungskräfte angehalten sind, ihre Vertriebsmannschaft ständig auszubauen. Da ist man auch bereit, schwächere Leistungen in Kauf zu nehmen oder sieht von deutlichen Schwächen bei der Einstellung eines Mitarbeiters ab, wenn das Jahr zu Ende geht und der Mitarbeiterausbau Teil der Gehaltsstruktur der Führungskraft ist.

Wichtig zu erwähnen ist auch, dass durchschnittliche Leistungen von Verkäufern weder im Vergleich der Leistungen der gesamten Vertriebsmannschaft des Unternehmens noch im Vergleich mit anderen Unternehmen der Branche auffallen. Chancen werden überall in ähnlich großem Ausmaß vergeben, Potenziale werden kaum irgendwo ausreichend genutzt. Eine Vertriebsstruktur, die „sauber" arbeitet und damit ihre Chancen nutzt, fällt sofort auf, gewinnt Wettbewerbe und wird mit Lob überschüttet. Die Analyse, warum die anderen Strukturen nicht ebenso effizient arbeiten, bleibt aber meist auf der Strecke.

Das wahre Potenzial von Verkäufern kann annähernd ermessen werden, wenn Wettbewerbe angesagt sind. Ein Beispiel: Bei einer großen Versicherung erbringen die Mitarbeiter im Schnitt in den Monaten Juli und August mehr als die Hälfte des Geschäfts in der Krankenvorsorge. Richtig, in dieser Zeit findet in diesem Haus immer der Wettbewerb für diese Sparte statt. Im Autohandel hat sich ebenfalls die Praxis eingeschlichen, den Kunden von Lieferschwierigkeiten zu erzählen, bis der Wettbewerb ansteht. In anderen Branchen verhält es sich ganz ähnlich. Diese Beispiele zeigen, welches Potenzial Verkäufer besitzen, und, wenn sie es wollen, nicht nur zu Wettbewerbszeiten, sondern immer.

Die Aufgabe von Führungskräften ist daher sicherzustellen, dass die Verkäufer ihren Job „sauber" durchführen. Dazu gehört die vereinbarte Anzahl von qualitativen Verkaufsgesprächen je Zeitraum und vor allem das optimale Nutzen der aktuellen Verkaufschance. Wenn man den Kunden schon einmal persönlich vor sich hat, müssen alle passenden Fragen gestellt werden. Zusatzverkauf ist das Schlagwort an dieser Stelle. Wenn der Kunde den Versicherungsverkäufer gerufen hat, weil er ein Auto anmelden will, dann war das noch kein Verkauf. Ebensowenig verkauft wurde, wenn der Kunde in einem Sportgeschäft den Verkäufer nach dem Tennisschläger der Marke X fragt, ihn findet und dann zur Kasse geht. Verkauf beginnt dann, wenn der Verkäufer mit dem Fragenstellen beginnt, um die spezifische Situation des Kunden auszuloten. Fragen, die letztendlich zum Kauf eines (möglicherweise ganz anderen) Produkts führen, und vor allem Fragen, die den Zusatzverkauf einleiten.

Bei einem Verkaufsseminar war der direkte Vorgesetzte der Teilnehmer mit dabei. Die Pausen wurden von den Verkäufern genutzt, sich Rabatte auf Versicherungsanträge im Sachgeschäft abzeichnen zu lassen. Es war bereits der zweite Seminartag, und wir hatten über Zusatzverkauf gesprochen. Ich hatte mit dem Regionalleiter vereinbart, die Rabatte nicht einfach so gegenzuzeichnen, sondern Fragen zu anderen Sparten zu stellen. Die Gespräche liefen etwa folgendermaßen ab:

Verkäufer 1: „Herr St., bei dieser Eigenheimversicherung brauche ich zehn Prozent."

Herr St.: „Okay, das geht. Aber, was macht dieser Kunde in puncto Rentenversicherung?"

Verkäufer 1: „Der hat ja schon vor Jahren bei der Versicherung X vorgesorgt."

Herr St.: „Wie viel Rente hat der Kunde aus diesem Vertrag zu erwarten?"

Verkäufer 1: „Weiß ich nicht."

Verkäufer 2: „Herr St., bei dieser Autohaftpflichtversicherung liegen wir um 20 Prozent über dem Wettbewerbsangebot der Versicherung X. Können wir da etwas machen?"

Herr St.: „Können wir sicher, aber wie würde ein schwerer Unfall das Leben dieses Kunden verändern?"

Verkäufer 2: „Ja, darüber habe ich nicht gesprochen." (*Lächelt.*)

Verkäufer 3: „Herr St., ich sage gleich, dass ich bei diesem Kunden über nichts anderes als die Versicherung seiner Landwirtschaft gesprochen habe. Zeichnen Sie mir trotzdem die 20 Prozent Rabatt ab?"

Herr St.: „Wenn Sie dem Kunden die Police persönlich vorbeibringen und bei dieser Gelegenheit über Zusatzangebote sprechen, können wir darüber reden."

Ich habe die weitere Entwicklung dieser Verkaufseinheit genau beobachtet. Inzwischen hat sich bei den Mitarbeitern herumgesprochen, dass der Prozess des Rabattabzeichnens ein „lästiger" wird, wenn man nicht auch Anträge zu anderen Sparten vorlegt. Natürlich hat sich die Mehrspartenquote bei den Versicherungsabschlüssen in dieser Verkaufseinheit sofort deutlich erhöht.

Eine Vertriebseinheit kann auf diese Weise direkt auf die Siegerstraße gebracht werden. Die Mitarbeiter denken beim Kunden daran, andere Sparten anzusprechen. Sie machen damit mehr Geschäft, erhöhen ihre Provision und haben plötzlich auch nichts mehr dagegen einzuwenden, wenn ihnen von der Führungskraft peinliche Fragen gestellt werden, weil sie entsprechende Leistungen vorzeigen können. Und natürlich profitiert auch der Kunde, der im Schadensfall kein Problem hat.

Gerade dieser letzte Punkt wird von den Verkäufern oft völlig falsch bewertet. Sie haben ja schon einen Abschluss in der Tasche und wollen dem Kunden nun nicht „auf die Nerven gehen". Was macht aber der Kunde, der gerade eine Autoversicherung abgeschlossen hat, wenn er mit seinem neuen Wagen einen Unfall hat und dafür nicht vorgesorgt hat? Was sagen Sie dem Kunden, der sich im Urlaub ständig darüber ärgert, dass das Aufladen der Akkus für seine Digitalkamera 14 Stunden dauert, weil Sie ihm kein passendes Netzgerät verkauft haben? Wie entschuldigen Sie sich bei dem Kunden, dessen billiger Tachometer am Mountainbike ständig ausfällt, weil Sie sich nicht dazu entschließen konnten, über höherwertige Ware zu reden?

Aus den Motiven der Kunden ergeben sich Produkte und Zusatzprodukte. Der Kunde sagt schon nein, wenn er es nicht will. Wie oft hätten Kunden gerne ja gesagt, wenn sie nur gewusst hätten, dass es da etwas gibt, das dieses Produkt wunderbar ergänzt bzw. besser zu seinen individuellen Bedürfnissen passt.

Zufriedene Kunden sind das Ergebnis von professionell geführten Verkaufsgesprächen. Professionelle Verkaufsgespräche können aber erst durchgeführt werden, wenn jemand da ist, der zeigt, hilft, übt und kontrolliert. Und genau das ist die Aufgabe der Führungskraft vor Ort: so direkt zu führen, dass diese Art von Professionalität möglich wird.

2. Was Führungskräfte im Vertrieb bewegt

Herr Müller hatte schlecht geschlafen. Die Situation in seinem Unternehmen bereitet ihm zunehmend Kopfzerbrechen. Vor einem Jahr hatte er den Job als Leiter einer größeren Vertriebsmannschaft übernommen, und nun hatte er das Gefühl, in einer Sackgasse zu sein. Die Verkaufszahlen blieben deutlich hinter den Erwartungen zurück, die Rückmeldungen der Mitarbeiter und Vorgesetzen zu seinem Führungsverhalten waren überwiegend negativ. Natürlich wurden Äußerungen in diese Richtung ihm gegenüber nicht ausgesprochen, aber aus dem Verhalten seiner Vorgesetzten und Mitarbeiter konnte er deutlich ablesen, dass irgendetwas nicht stimmte.

Dabei hatte alles so gut angefangen. Aufgrund seiner guten Leistungen als regionaler Vertriebschef eines Konkurrenzunternehmens war Herr Müller vor einem Jahr in die engere Auswahl der Bewerber als Chef einer Verkaufsorganisation mit zirka 30 Verkäufern und vier Innendienstmitarbeitern gekommen, die die Geschäftsabwicklung in drei regionalen Büros organisierten. Die Aufgabe der Vertriebseinheit bestand darin, die Kunden rund um das Thema Versicherung und Finanzdienstleistung optimal zu betreuen und den Kundenstamm auszubauen.

Das Verkaufsgebiet war hervorragend geführt worden und galt als „Vorzeigeregion“ innerhalb der Verkaufsgebiete des Unternehmens. In den letzten Jahren konnte die Geschäftsaufbringung massiv gesteigert werden. Auch die Qualität der Verkäufer, gemessen an unternehmensinternen Qualitätskriterien, lag weit über dem landesweiten Durchschnitt.

Der erste Schritt zur Erlangung dieser Position war ein Assessment-Center, das Herrn Müller hervorragende Eigenschaften für die Erlangung dieser Position attestierte. Als er sich schließlich im Kreis der letzten drei Bewerber um diesen Job befand, wurde er zu einem Hearing eingeladen. Auch in diesem Gespräch brillierte er mit ausgereiften strategischen Konzepten und einer überzeugenden persönlichen Präsentation. Bald war für den Vertriebschef der Landesdirektion klar, dass er Herrn Müller die schwierige Herausforderung zutraute. Im folgenden Monat trat Herr Müller seine neue Funktion an.

In seinem früheren Unternehmen war es Herrn Müller leicht gefallen, die Balance zwischen fordern und fördern seiner Mitarbeiter zu finden. Seine Aufgabe dort war ganz ähnlich: Es ging um die Verantwortung für einen Vertriebsbereich eines Finanzdienstleisters. Seine frühere Firma hatte zwar andere Produkte und andere Schwerpunkte. Mitarbeiter zum Erfolg zu führen und damit das Verkaufsgebiet zu entwickeln war aber auch dort seine Aufgabe, die er über mehrere Jahre hinweg sehr zur Zufriedenheit seiner Mitarbeiter und Vorgesetzten durchführte. Was hatte sich nun in seiner neuen Funktion verändert? Herr Müller wusste keine Antwort darauf und fühlte sich bedrückt.

An meinem Seminar nahmen zwölf Damen und Herren, regionale Führungskräfte des Finanzdienstleisters X, teil. Herr Müller fiel mir sofort auf. Er hatte den ersten Platz an der U-Tafel in meiner unmittelbaren Nähe eingenommen. Sein Namenskärtchen stand schon beschrieben vor ihm. Er blickte ständig zu mir, während die anderen Teilnehmer sich noch munter unterhielten. Mein erster Gedanke zu dieser Situation war: Der will hier einiges mitnehmen.

Um alle Seminarteilnehmer von Anfang an einzubeziehen, wollte ich von ihnen zunächst erfahren, welche Aspekte sie im Zusammenhang mit ihrer Führungsrolle besonders bewegten.

Die Teilnehmer fanden sich auf meine Aufforderung in kleinen Gruppen zusammen und diskutierten dieses Thema. Die Ergebnisse sammelten wir in Stichworten:

- Prioritäten setzen
- es allen recht machen
- immer mehr Ziele
- keiner kümmert sich darum, wie es uns geht
- alles unter einen Hut bringen
- Einkommenssituation
- Führungschwäche der Vorgesetzten
- schwierige Mitarbeiter führen
- keine Zeit zum Führen
- Bürokram
- Eigenmotivation

Die Nachfragen zu den einzelnen Punkten ergaben, dass die Teilnehmer ziemlich „beladen“ zu dem Seminar gekommen waren. Sie wurden von klassischen Problemen bewegt, die jeder Mensch erlebt, der die Rolle einer Führungskraft inne hat. Das hat viel mehr mit der Rolle selbst zu tun als mit dem Menschen. Darauf werden wir später noch genauer eingehen. Für mich als Trainer war es wichtig, dass die Teilnehmer bereit waren, offen über ihre Probleme zu sprechen.

In der Folge stellte ich den Teilnehmern drei Fragen und bat sie, diese nach ihrem momentanen Gefühl mit Hilfe eines Moderationspunktes zu beantworten. Die folgende Grafik zeigt das Ergebnis dieser Seminargruppe:

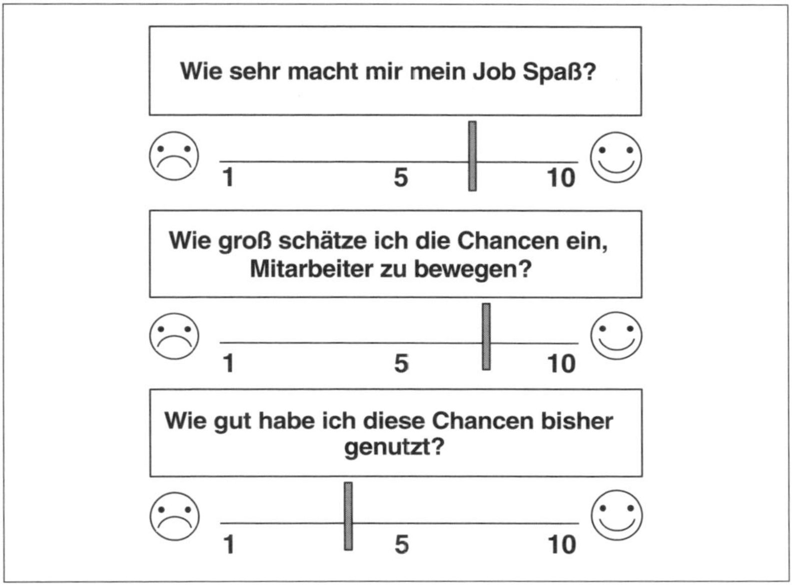

Persönliche Standortbestimmung

Überlegen Sie selbst, wie Sie jede dieser Fragen auf einer Skala von 1 bis 10 bewerten würden. 1 bedeutet wenig / kaum, 10 bedeutet sehr viel. Haben Sie Ihr persönliches Ergebnis gefunden?

Frage 1:
Wie sehr macht mir mein Job Spaß?

Ähnliche Fragen stelle ich auch zu Beginn meiner Verkaufsseminare. Auffällig ist, dass die Bewertung bei den Führungsseminaren immer unter den Bewertungen im Verkaufsseminar liegt. Meine Erklärung dafür ist, dass Verkäufer stärker selbstbestimmt handeln als Führungskräfte. Sie können „es selbst tun". Führungskräfte brauchen immer andere, die „es" für sie erledigen. Außerdem sind die verschiedenen Erwartungen der Umgebung (Mitarbeiter, Chef, Betriebsrat, Kunden, Fachabteilung ...)

oft schwer unter einen Hut zu bringen, sodass sich Handlungsmuster, die alle zufrieden stellen, als sehr komplex darstellen. Das „reibt" natürlich auf – und das hat Auswirkungen auf die Freude am Job.

Wie bei Verkäufern gilt aber auch bei Führungskräften, dass es keinen Sinn hat, ein Leben lang einen Job zu tun, der nur mäßig Spaß macht. Das kostet Energie und führt letztlich zu Unzufriedenheit auf allen Ebenen. Eine Führungskraft entkommt diesem Dilemma nur, wenn sie Distanz zu ihrer Rolle gewinnen kann. Das heißt, sich bewusst zu sein, dass unterschiedliche Erwartungen aus allen Richtungen gestellt werden, die man – zumindest gleichzeitig – nur bedingt befriedigen kann. Das bewusste Handeln aus dieser Erkenntnis heraus heißt, klare Vereinbarungen und Verbindlichkeiten auf allen Ebenen auszuhandeln und einzuhalten.

Die Hauptaufgabe von Führungskräften im Vertrieb ist es aber, Verkäufer auf ihrem Weg zu begleiten. Dabei geht es um Unterstützung und Fördern, natürlich auch um Kontrolle und Fordern. Spaß aus dem Job heraus kann doch nur entstehen, wenn es gelingt, die Mannschaft zu bewegen. Das setzt ein Führungsverhalten voraus, das direkt und unmittelbar „am Mann" ansetzt. Wenn Sie durch Ihre konsequente Führungsarbeit dem jungen Mitarbeiter geholfen haben, seine „persönlichen Barrieren" zu überwinden, dann verspüren Sie Spaß am Job. Ebenso gut geht es Ihnen, wenn Sie den erfahrenen Mitarbeiter endlich einmal dazu gebracht haben, sein Potenzial zu nutzen, das er bis dahin nicht angetastet hat. Spaß am Führen bringt die gemeinsame Erfahrung von Erfolgserlebnissen mit Mitarbeitern. Das ist aber auch der Teil der Führungsarbeit, der am meisten Energie kostet und deswegen gerne vermieden wird. Organisatorische und administrative Tätigkeiten als Ausreden lassen sich schnell finden. Langfristig kommt der Spaß am Job nur aus dem gemeinsamen Erfolg mit Ihrer Mannschaft. Also: Führen Sie direkt!

Frage 2: Wie groß schätze ich die Chancen ein, Mitarbeiter zu bewegen?

Die Möglichkeiten, Mitarbeiter zu bewegen, sind also groß. Das ist wohl auch der Grund, der viele Menschen dazu bewegt, Führungskraft zu werden. Sie wollen zeigen, wie gut sie Menschen führen können, sie wollen beweisen, wie gut sie ein Verkaufsgebiet „im Griff" haben und entwickeln können.

Die Chancen, Menschen zu bewegen, schätzen wir sehr hoch ein, die Realität holt uns jedoch oft schnell wieder auf den Boden zurück, wenn Verkäufer „satt" sind und sich nicht entwickeln wollen, oder wenn Unternehmensziele vorgegeben werden, mit denen sich die Führungskräfte kaum mehr als die Verkäufer identifizieren können.

Der Weg zur Motivation von Mitarbeitern ist ein langer. Es geht nicht darum, schnelle Umsätze zu erzielen, sondern darum, in den Mitarbeitern langfristig jenes Feuer zu entzünden, das sie mit Spaß und Begeisterung ihren Job tun lässt. Führungskräften kommt dabei als Begleiter durch Höhen und Tiefen eine essenzielle Bedeutung zu. Die Führungskraft ist der Coach, der sicherstellt, dass ein „Lauf" im Verkauf nicht zufällig ist und schnell wieder verebbt. Er ist aber auch der Begleiter des Verkäufers im Tief, der in „abholt" und unterstützt, der gemeinsam Strategien festlegt und die Umsetzung begleitet. Dazu benötigen Verkäufer nicht nur die richtige Einstellung, sondern auch die richtige Arbeitstechnik.

Die Bewertung dieser Frage zeigt zwar, dass die Chancen, Menschen zu bewegen, hoch eingeschätzt werden. Sie zeigt aber auch, dass da eine Sehnsucht ist, diese Potenziale noch mehr zu nutzen.

Frage 3:
Wie gut habe ich diese Chancen bisher genutzt?

Die Bewertung dieser Frage durch die beschriebene Seminargruppe ist bei vier Punkten angesiedelt. Das zeigt, welche Potenziale – nach Einschätzung der Teilnehmer – hier noch brachliegen. Auf Nachfragen stellt sich heraus, dass der Grund dafür in der zu knappen Zeit liegt, die für echte Führungsarbeit mit dem Mitarbeiter aufgewendet wird oder aufgewendet werden kann.

Die Gründe sind natürlich zudem oft Ausreden, die wir auch von Verkäufern sehr gut kennen. Vor allem junge Verkäufer haben alles Mögliche zu tun, wenn es darum geht, einen Kunden zu besuchen. Dahinter steht oft die Angst vor dem Kundenbesuch, weil der Verkäufer noch unsicher ist und er Versagensangst hat.

Bei Führungskräften ist das ähnlich. Natürlich haben sie administrative Aufgaben zu leisten, sie befinden sich häufig in Sitzungen oder Seminaren oder müssen Projektarbeiten verrichten. Oft dienen diese Aufgaben aber auch als Ausrede, um der „knochenharten“ Führungsarbeit, der ständigen Konfrontation mit den Mitarbeitern und dem Werben, dass diese ihre Potenziale doch endlich ausschöpfen sollen, zu entgehen. Manch eine Führungskraft vergräbt sich gerne hinter Bilanzen und Vertriebszahlen, anstatt sich mit den Mitarbeitern zu beschäftigen. Das ist Führungskräften zumeist sogar bewusst. Doch nur auf dem schwierigeren Weg kann der Erfolg langfristig sichergestellt werden.

Am Ende der ersten Seminareinheit kam Herr Müller auf mich zu.

Herr Müller:	„Das war ja ein guter Einstieg.“
Trainer:	„Danke. Was hat Ihnen gefallen?“
Herr Müller:	„Die haben ja alle dieselben Probleme wie ich!“
Trainer:	„Ja, und was empfinden Sie dabei?“
Herr Müller:	„Ich bin sehr erleichtert!“

Die erste Einheit hatte Herrn Müller sehr erleichtert, weil ihm bewusst geworden war, dass er mit seinen Problemen keineswegs allein war. Die Schwierigkeiten im Zusammenhang mit der Führungsfunktion wurden von allen Kollegen in ähnlicher Weise beschrieben. Er konnte sich nun getrost auf die Gruppe einlassen, weil im klar wurde, dass nicht er allein mit Problemen belastet zum Seminar gekommen war.

Bei einem Pausengespräch am dritten Seminartag erfuhr ich, dass Herr Müller in seiner früheren Firma das Glück gehabt hatte, mit einer sehr gut entwickelten Verkäufergruppe zu arbeiten. „Der Laden lief wie geschmiert“, erzählte Herr Müller. Als er den Job in seiner jetzigen Firma antrat, versäumte er, auf den offensichtlichen Niveauunterschied entsprechend zu reagieren. Das wollte er von nun an aber durch direkte Führungsarbeit nachholen.

3. Niemand kann langfristig von außen motiviert werden

Herr Hofer freute sich seit Tagen auf den Vortrag des „Motivationsgurus“. Zugegeben, die Karten waren nicht ganz billig, aber Herr Hofer hatte in den letzten Wochen einige Erfolge zu verzeichnen. Er wollte sich selbst mit diesem Vortrag belohnen und erhoffte sich natürlich auch noch weiteren Input.

Es war ein bemerkenswerter Tag. Trotz der hochsommerlichen Temperaturen hatten sich über tausend Teilnehmer eingefunden, um diesen Tag mit dem Guru zu verbringen. Alles rundherum passte. Bild- und Toneffekte zauberten ein wunderbares Spektakel. Den ganzen Tag lang flogen unzählige Luftballons durch den Saal, die durch die Teilnehmer immer wieder angestoßen wurden, sodass sie dauernd in Bewegung waren. In Bewegung war auch die Bühne. Einzelne Passagen des Vortrags wurden durch geschicktes Bewegen der Bühnenelemente untermauert. Es wurde gehoben und gesenkt, hervorgehoben und versteckt. Die brillanten Bilder der hochleistungsfähigen Projektoren verstärkten die Effekte noch weiter.

Herr Hofer erlebte eine perfekte Show. Der Ablauf war über weite Strecken interaktiv gestaltet, sodass die Teilnehmer ausreichend Gelegenheit hatten, sich zu äußern und sich gegenseitig anzuspornen. Stellvertretend für alle wurden einige Hörer aufgefordert, Grenzen zu überschreiten. Ein älterer Herr trällerte ein Lied, eine junge Dame ließ eine große schwarze Spinne über ihren Rücken krabbeln, ein junger Mann stolzierte über ein flink aufgespanntes Seil.

Gegen Ende der Veranstaltung steigerte sich die Stimmung durch gemeinsames Rufen von Kampfgeschrei zum Höhepunkt, und Herr Hofer verließ hoch motiviert die Veranstaltung. Er war sich sicher, dass dieser Tag einen entscheidenden Einfluss auf sein Berufsleben haben würde. Gleich am nächsten Tag würde er beginnen, seine Kunden im Verkauf zu überzeugen.

Als Herr Hofer am nächsten Tag – immer noch bestens motiviert – in seinem Büro sitzt und Kunden zur Vereinbarung eines Gesprächstermins anruft, erhält er viele Absagen. Nach wenigen Stunden ist sein Motivationspegel wieder gesunken. Was war geschehen?

Das Seminar war professionell aufgezogen und präsentiert. Herr Hofer hatte sich voll und ganz mitreißen lassen, aber schnell erkannt, dass ihm der Mantel des Gurus ganz einfach nicht passte. Er war viel zu groß für ihn, also legte er ihn bald wieder ab. Er hatte wohl etwas an seiner Einstellung verändert, die entsprechende Technik aber nicht dazugelernt. Erfolgreiche Telefonate haben sehr viel mit Technik zu tun. Natürlich gehört die richtige Einstellung dazu. Aber die beste Einstellung führt ohne entsprechende Technik niemals zum Erfolg. Umgekehrt noch eher, weil auch die größten Skeptiker bald davon zu überzeugen sind, dass eine saubere Arbeitstechnik den Erfolg quasi „erzwingt".

Langfristig sind Menschen von außen grundsätzlich nicht motivierbar. Wenn jemand den Beruf des Verkäufers ergreift, dann muss das Feuer in seinem Herzen brennen, mit dieser Tätigkeit Erfolg haben zu wollen. Das muss seine ureigenste Motivation sein. Sie als Führungskraft haben die Aufgabe, ihm ein Spielfeld zu bieten, auf dem dieser Erfolg grundsätzlich möglich ist. Dazu gehören organisatorische Rahmenbedingungen, Know-how und natürlich das Einkommen. Die Sache selbst muss für den Einzelnen so fesselnd sein, dass er langfristig darin Erfolg haben will.

Mittelmäßige Verkäufer, die in den Tag hineinleben, werden Sie nie zu „Rennpferden" machen. Das ist auch nicht Ihre Aufgabe. Ein Fußballendspiel motiviert den Spieler entweder von selbst dermaßen, dass er alles gibt, oder er hat den falschen Job. Der Verkäufer sucht von sich aus herausfordernde Verkaufssituationen, weil es ihm Spaß macht, das Kribbeln und den Erfolg zu spüren. Oder er hat den falschen Job.

> Zu Beginn eines Verkaufsseminars kommt es oft vor, dass eine ranghohe Führungskraft einleitende Worte spricht. Ein positives Beispiel erlebte ich einmal bei einem Seminar für eine Verkaufsmannschaft einer Firma in Süddeutschland. Der Verkaufsleiter sagte sinngemäß folgendes: „Erwartet bitte nicht, dass der Trainer euch in diesem Seminar motiviert. Ich hoffe, dass jeder für seinen Job von sich aus motiviert genug ist. Der Trainer wird euch einige sehr interessante Details zur Durchführung erfolgreicher Verkaufsgespräche zeigen und mit euch diskutieren. Wenn ihr das Verkaufsgespräch in diese Richtung hin adaptiert, dann werdet ihr mehr Erfolg haben. Und das wird euch noch mehr motivieren ..." Ich fühlte mich verstanden.

Motivation muss vorhanden sein. Von Anfang an. Sonst hat ein Verkäufer langfristig keine Chance in seinem Job.

Sie können Menschen von außen langfristig nicht motivieren. Sie können aber Rahmenbedingungen bieten, die zum Erfolg führen, und daraus ziehen Mitarbeiter ihre langfristige Motivation. Erfolg macht süchtig, Erfolgserlebnisse will man immer wieder haben. Dass die Einkommenssituation sich deckungsgleich mit dem Erfolg entwickelt, ist dabei nur ein Nebeneffekt. Es gilt also, Spielregeln mit Ihrer Mannschaft zu entwickeln, die den Erfolg garantieren. Dabei spielen natürlich zwischenmenschliche Aspekte eine große Rolle. Das gemeinsame Mittagessen mit dem langjährigen Mitarbeiter wird diesen wahrscheinlich motivieren, genauso wird die gemeinsame Wanderung den Zusammenhalt in Ihrer Gruppe stärken. Die Grundlage für den Erfolg ist aber das Anwenden einer sauberen Arbeitstechnik. Die Bedeutung dieses Aspekts wird gerade im Verkauf immer wieder unterschätzt.

4. Ohne die richtige Arbeitstechnik geht es nicht

Die Notwendigkeit, Arbeitstechniken zu automatisieren, wird im Verkaufsberuf sehr oft unterschätzt. Es geht schon irgendwie bei den Kunden draußen, und das stimmt ja auch. Aber es liegen so viele Potenziale brach, die wir nutzen könnten, wenn wir die Technik ordentlich beherrschen würden. Und wer sonst könnte mit dem Verkäufer vor Ort die Arbeitstechnik besser bearbeiten als der direkte Vorgesetzte?

Es gibt so viele Berufe, die ein Procedere genau geregelt haben: wie man beispielsweise elektrische Leitungen verlegt, läuft ebenso nach einem genauen Schema ab wie das Backen von Brötchen. Das Fliegen ist so sehr systematisiert, dass der Pilot hauptsächlich dazu da ist, den Autopiloten zu beobachten. Und auch zur Vorbereitung des Urlaubs verwenden wir Checklisten.

> Bei einem Verkaufsseminar hatten wir das Thema „Kundenempfehlungen" durchgesprochen. Ein Teilnehmer erzählte mir, dass ich ja Recht hätte, aber wenn der Abschluss eingefahren sei, dann ließe die Spannung nach. Der Kunde wolle ja auch nicht mehr. Man ließe den Termin mit einem „Small Talk" ausklingen und vergesse dann die Empfehlungsfrage.
>
> Ich bat den Teilnehmer, sich folgende Situation vorzustellen: Nach einem Crash, der glücklicherweise glimpflich verlaufen ist, wird der Flugkapitän im Fernsehen interviewt. Auf die Frage, wie denn das passieren konnte, sagt der Kapitän: „Ich weiß nicht genau, wie das geschehen konnte. Ich habe mir gerade mit dem Copiloten die wunderschöne Landschaft angesehen und dabei völlig vergessen, den Landeanflug zu kontrollieren."

Dieses Beispiel löste natürlich Schmunzeln aus, aber es trifft genau den Kern der Sache. Im Verkauf geht es immer irgendwie, kaum jemand zeigt Ihnen die Struktur eines erfolgreichen Gesprächs und kontrolliert, dass Sie diese in der Praxis auch umsetzen.

Das Verkaufsgespräch läuft immer irgendwie. Verkäufer kennen kaum Lösungen für die Einwände ihrer Kunden, sie haben auch die Umstiegsfragen für den Zusatzverkauf nicht automatisiert. Das Telefonieren ist und bleibt für viele eine „rote Linie“, weil sie sich nicht – entsprechend der Situation des Kunden – einen klaren Einstiegssatz überlegen und die typischen Einwände am Telefon treffsicher bearbeiten können.

Das ist der Knackpunkt, wo Führungsarbeit ansetzen muss. Ich erlebe oft Seminarsituationen, wo Führungskräfte in der Gruppe sitzen. Bei der Einwandbehandlung gebe ich ihnen in der Regel leichte Beispiele, um sie nicht vor der Gruppe bloßzustellen. Natürlich gibt es Ausnahmen, für die das eben Gesagte überhaupt nicht zutrifft. Aber ich erzähle hier vom Durchschnitt, und da sieht die Sache meist bedenklich aus.

Wie wollen Sie von Ihren Verkäufern systematisches Verhalten einfordern, wenn Sie selbst nicht wissen, wovon die Rede ist? Wie wollen Sie andererseits den Verkaufserfolg Ihrer Mitarbeiter und Ihres Verkaufsgebiets entwickeln, ohne systematisches Arbeiten zu lehren und einzufordern? Lassen Sie mich den Zusammenhang zwischen Motivation und Technik an einem Beispiel verdeutlichen:

Ich habe vor etwa zwei Jahren mit dem Laufen begonnen. Diesen Sport habe ich immer als Ausgleich zu meiner Tätigkeit verstanden. Einen besonders schönen Lauf erlebte ich im letzten Frühjahr. Es war Sonntag Früh, ich war ausgeschlafen und beobachtete im Fernsehen die Übertragung des Wien-Marathons. Über zehntausend Menschen setzten sich auf der

Reichsbrücke in Bewegung. Bald erreichten die ersten Läufer die Innenstadt, die eine prächtige Kulisse für dieses Schauspiel abgab. Nachdem die Spitzenläufer schon das Ziel erreicht hatten, konzentrierten sich die Berichte auf Hobbyläufer in den hinteren Reihen, denen es nur darum ging, sich selbst zu besiegen. Diese Bilder hatten mich offenbar sehr motiviert. Ich zog meine Laufschuhe an, und lief „meine" Strecke ohne größere Anstrengung um zirka fünf Minuten schneller als gewöhnlich. Wenn Sie, lieber Leser, selbst Läufer sind, dann wissen Sie, wie viel eine Steigerung um fünf Minuten auf zehn Kilometern Wert ist!

Ich habe diese Zeit seitdem nie mehr erreicht, sondern mich wieder auf mein gewohntes Tempo eingependelt. Der Leistungsschub am Tag des Marathons war eindeutig rein motivatorisch bedingt. Wenn ich meine Laufleistung nun langfristig verbessern wollte, müsste ich an meiner Lauf- und der Atemtechnik arbeiten. Ich müsste wahrscheinlich auch meine Lebensgewohnheiten da und dort verändern. Das alles könnte mir ein Sportmediziner mit Sicherheit genau erklären. Ohne Hilfe von außen würde ich aber wahrscheinlich auf meinem Level stehen bleiben, was mir momentan auch genügt.

Eigenmotivation ist die Voraussetzung, es überhaupt zu tun, egal, ob Sie was verkaufen oder sich fit halten wollen. Wenn Sie sich aber in diesem Tun nachhaltig verbessern wollen, dann geht das nur, wenn Sie Ihre Tätigkeit zergliedern und für alle Phasen saubere technische Verhaltensweisen anwenden. Das ist der zentrale Punkt, an dem Verkäufer von ihren Führungskräften im Vertrieb Unterstützung benötigen. Das ist mit „direkter Führung" gemeint. Sie machen Ihre Verkäufer erfolgreich, wenn Sie ihnen die richtigen Arbeitstechniken beibringen und sicherstellen, dass diese auch beim Kunden umgesetzt werden.

5. Die roten Linien der Führungskräfte

Bestimmt haben Sie schon einmal auf einem Sprungbrett gestanden und überlegt, ob Sie den Sprung wagen sollen. Oder ein Gefühl in Ihnen hat sich gemeldet, dass es wieder einmal Zeit wäre, sportlich etwas zu tun oder das längst fällige Gespräch mit dem schwierigen Mitarbeiter endlich hinter sich zu bringen. Vielleicht haben Sie schon oft daran gedacht, endlich den Konflikt mit einem Freund zu klären oder den Wagen in die Reparatur zu bringen, um die hässliche Beule los zu werden. Aber leider hatten Sie wieder keine Zeit.

Immer wenn wir im Leben Dinge tun sollen, die entweder unbekannt oder unbequem sind, dann kommen wir an unsere rote Linie. Sie kennen dieses Ding, auch wenn Sie es bisher wahrscheinlich anders bezeichnet haben, vielleicht als inneren Schweinehund oder Ähnliches.

Das Problem ist nun, dass wir wissen, wir sollten eine Angelegenheit eigentlich erledigen, und damit wird im Körper Energie frei, die nun grundsätzlich zwei Möglichkeiten hat, sich zu entfalten. Entweder wir gehen über diese rote Linie und sind stolz auf uns, weil wir etwas Neues geschafft haben. Dann haben wir es hinter uns, uns fällt ein Stein vom Herzen, wir sind erleichtert. Wenn wir die Handlung aber nicht ausführen, ist diese Energie trotzdem da. Weil wir sie aber nicht in Handlung umgesetzt haben, wird sie plötzlich als „Ausrede“ frei. Diesen Mechanismus kennen Sie sehr gut. Entweder aus eigener Erfahrung, wenn Sie selbst Ihre rote Linie nicht überschritten haben, oder aus den Gesprächen mit Ihren Mitarbeitern, wenn Sie Ergebnisse eingefordert haben und Ihnen Ihre Mitarbeiter eine Reihe von Ausreden präsentiert haben, warum das nicht so gelaufen ist. Entweder war gerade das „Sommerloch“ oder die Konkurrenz hatte bessere Produkte oder die Kunden wollten nicht bzw. sie hatten kein Geld oder waren schon mit einem ähnlichen Produkt versorgt.

Das Dilemma ist nun, dass Entwicklung generell und natürlich auch im Verkauf nur möglich ist, wenn wir bewusst über unsere rote Linie gehen, wenn wir die Handlung einfach ausführen und spüren, dass nichts passiert, was uns Angst machen müsste. Wenn ein Verkäufer seine rote Linie in der Frage nach Empfehlungen hat, wird er das Problem nur bekämpfen, indem er die Frage stellt. Er wird die Erfahrung sammeln, dass Kunden entweder Namen hergeben oder auch nicht. Nach den ersten positiven Erfahrungen wird er danach trachten, dieses Glücksgefühl immer wieder zu erleben und automatisch jeden Kunden nach Referenzen fragen. Welche Bedeutung das für seine Terminfrequenz haben wird, wissen Sie genau.

Ähnlich verhält es sich mit dem Verkäufer in einem Sportgeschäft, dessen Problem das Umsteigen auf andere Produkte ist. Wenn er eine Zeit lang jeden Kunden, der neue Skischuhe kauft, gefragt hat, ob er ihm Sportsocken zeigen darf, die den Tragekomfort dieses Schuhs wesentlich erhöhen, und festgestellt hat, dass zwei Drittel der Kunden gerne darauf eingehen, wird sich diese Frage automatisch in seinem Verkaufsgespräch festsetzen. Als Leiter eines Shops wissen Sie, welche Auswirkungen dies für Ihren Gesamtumsatz haben kann.

Die Arbeit an der roten Linie der Verkäufer ist ein wesentlicher Bestandteil der Führungsarbeit, weil Entwicklung voraussetzt, dass man seine wunden Punkte kennt und daran arbeitet. Und zwar sowohl an der Einstellung, es tun zu wollen, als auch an der Arbeitstechnik, die dafür notwendig ist.

Einige typische rote Linien von Führungskräften sind:

- **Vereinbarungen treffen und einfordern**

Ist es wirklich überraschend, dass dieser Punkt von Führungskräften immer wieder als typische rote Linie beschrieben wird? Mit dieser Feststellung wird genau der zentrale Punkt getroffen, den ich schon im Vorwort anklingen ließ: Es wird zu wenig direkt geführt, weil das direkte Führen für Führungskräfte eine rote Linie ist. Denn was sonst ist unter direkter Führung zu verstehen, wenn nicht das konsequente Vereinbaren von Teilzielen und die konsequente Kontrolle, ob diese auch erreicht wurden?

Wie viel Potenzial bleibt ungenutzt, weil zu wenig konsequent geführt wird! Natürlich empfinden Verkäufer direkte Führung vorerst einmal als unangenehm und lästig, weil sie den Nutzen, den ihnen diese Vorgehensweise bringt, noch nicht erkannt haben.

> Herr P. war für einen Vertriebsbereich mit zirka 20 Mitarbeitern als Führungskraft vorgesehen. Die Vertriebseinheit brachte insgesamt ordentliche Leistungen. Sechs erfahrene Verkäufer bildeten eine informelle Gruppe und trafen sich auch in der Freizeit. Herr P. erzählte mir, dass er zufällig Ohrenzeuge eines Gesprächs dieser Gruppe war, in dem es um den Umgang mit der neuen Führungskraft ging: „Den werden wir uns schon vornehmen", „mit dem fahren wir einmal schön essen, und dann wird das schon klappen", „der wird schon merken, dass er nichts davon hat, uns zu ärgern"; so und so ähnlich waren die Gesprächsbeiträge in dieser Gruppe.
>
> Als wir die Situation besprochen hatten, war Herrn P. klar, dass er Gefahr lief, in eine große Falle zu tappen. Er entschied, mit dieser Gruppe nicht essen zu gehen und sich auch sonst in keiner Art und Weise „einkochen" zu lassen.
>
> Die Reaktion der Gruppe war zu Beginn von Verärgerung und Frustration gekennzeichnet. Herr P. blieb aber konsequent auf seinem Weg und widmete seine Aufmerksamkeit in seiner Führungsarbeit vorerst mehr den jüngeren Verkäufern. Er führte Qualitätszirkel ein, diskutierte gemeinsam mit der Mannschaft über Möglichkeiten, die Ergebnisse zu verbessern, und erreichte, dass insgesamt an der Arbeitstechnik gefeilt wurde. Die Ergebnisse blieben natürlich nicht aus, und die „Senioren" begannen sich langsam dafür zu interessieren.

Heute ist Herr P. auch in der Gruppe der arrivierten Verkäufer voll akzeptiert. Auch in dieser Gruppe wurde erkannt, wie viel Potenzial brach lag, und mit welch geringem Mehraufwand deutlich mehr Erfolg erreicht und wesentlich mehr Geld erwirtschaftet werden konnte. Heute hat Herr P. überhaupt kein Problem mehr damit, auch mit den älteren Verkäufern Ziele zu vereinbaren und diese einzufordern.

Führen setzt die Fähigkeit voraus, damit leben zu können, außerhalb einer Gruppe zu stehen. Das fällt oft schwer, weil es viel mehr Spaß macht, dazuzugehören und mit anderen gleich zu sein. Die Verlockung für Führungskräfte, sich emotional zu sehr in ihre Gruppe einzulassen, ist groß. Die Verführungen der Gruppenmitglieder, Führungskräfte in die Gruppe hineinzuziehen, sind zahlreich. Das beginnt beim „Du“ und endet bei der Einladung zum Essen, wo man als Vorgesetzter von den Verkäufern hört, wo es langgehen soll.

Auf lange Sicht gibt es bei dieser Vorgehensweise nur Verlierer. Die Führungskraft kann sich nicht durchsetzen, die Mitarbeiter treten auf der Stelle und nehmen sich damit eine wertvolle Chance, sich zu entwickeln.

Wenn Sie wissen wollen, wie weit Sie auf Ihrem Weg zur Führungskraft schon sind, dann fragen Sie sich einfach, wie leicht es Ihnen fällt, im Vereinbaren und Kontrollieren konsequent zu sein. Wenn Sie bei sich selbst in diesem Punkt eine rote Linie entdeckt haben, dann wird es höchste Zeit, diese zu überschreiten.

- **Zu hohe Zielvorgaben**

Die Erfolge eines laufenden Vertriebsjahres glänzen leider nur sehr kurz. Viel zu schnell ist das Jahr wieder vorbei, und das nächste Zielgespräch mit Ihrer nächsthöheren Führungskraft steht an.

Wachstum ist nun einmal das Gesetz einer erfolgreichen Marktwirtschaft. Sie wissen schon im Vorhinein, dass Sie erhöhte Umsatzziele anstreben werden. Das Erreichen der Ziele ist natürlich mit Geld und anderen Formen von Anerkennung im Unternehmen verbunden, und damit läuft jedes Jahr derselbe Mechanismus ab: Ziele werden als viel zu hoch erlebt, andere Bereiche werden immer bevorzugt, und wenn man gut arbeitet, bekommt man zur Strafe immer noch mehr „aufgebrummt". Machen Sie sich keine Sorgen. Überlegen Sie doch, wie Sie mit *direkter Führung* die Umsätze Ihrer Mitarbeiter steigern können. Wenn Sie sich die Arbeitsabläufe in Ihrem Verkaufsgebiet und die Durchführung der Verkaufsgespräche Ihrer Mitarbeiter ansehen, dann entdecken Sie mit Sicherheit Potenziale, die weit über das geforderte Maß der Umsatzsteigerung hinausgehen. Dabei geht es darum, Ihren Mitarbeitern das Führen von „sauberen Verkaufsgesprächen" beizubringen, damit sie den Point of Sale beim Kunden wirklich nutzen.

- **Konsequenzen ziehen**

Auch dieser Punkt wird von den meisten Führungskräften genannt. Gemeint ist damit, konsequent das zu tun, was angekündigt worden ist. An dieser Stelle passt der Hinweis ganz gut, niemals voreilig etwas anzukündigen.

Konsequenzen zu ziehen fällt uns oft aus Angst vor Liebesentzug schwer. Wir kennen das aus unserem Privatbereich sehr gut. Wenn wir unserem Kind im Urlaub angekündigt haben, dass es am nächsten Tag kein Eis bekommt, wenn es sein Verhalten nicht sofort ändert, fällt es uns doch schwer, wenn es dann am

Abend mit traurigen Augen den anderen Kindern beim Eisschlecken zusieht. Aber solche Erfahrungen prägen sich ein.

Wenn man mit Verkäufern spricht, die unterschiedliche Führungskräfte erlebt haben, so schneiden im Nachhinein immer diejenigen am besten ab, die konsequent gewesen sind. Auch wenn es in der Situation oft nicht einfach zu ertragen war.

Menschen neigen dazu, Entscheidungen von Bezugspersonen nicht akzeptieren zu wollen und kämpfen dagegen an. Wenn wir Recht bekommen, sind wir aber auch nicht zufrieden. Jemand, mit dem man alles machen kann, wird von uns nicht als Autoritätsperson akzeptiert.

Also: Überlegen Sie genau, welche Konsequenzen Sie in welchem Fall ziehen wollen. Sprechen Sie deutlich darüber und handeln Sie entsprechend. Sie erleichtern sich Ihr Dasein als Führungskraft damit enorm.

- **Mitarbeitern kündigen**

Eine besonders harte Form der Konsequenz ist das Kündigen von Mitarbeitern. Besonders dann, wenn tragische menschliche Schicksale dahinter stehen.

Wenn Sie eine Vertriebseinheit neu übernehmen, werden Sie immer Mitarbeiter vorfinden, die in diesem Job auf lange Sicht keine Chance haben. Oft sind solche Leute vor langer Zeit irgendwie in den Verkaufsberuf hineingeschlittert, haben sich dort aber nie richtig wohl gefühlt und sind nicht mit den Anforderungen mitgewachsen. In einigen Fällen gibt es für den Mitarbeiter eine letzte Chance in Form eines Verkaufsseminars bzw. einer besonderen Zuwendung durch die Führungskraft. Als ich Verkaufsleiter einer großen Vertriebseinheit war, musste ich feststellen, dass diese Maßnahmen jedoch selten gefruchtet und den Konflikt nur verschoben haben. Das Kündigungsgespräch fand – zeitversetzt um ein paar Wochen – letztlich doch statt.

Sprechen Sie doch ein offenes Wort und machen Sie dem Mitarbeiter klar, dass er sein Leben in einem Beruf vertut, der ihm keinen Spaß macht, weil er ihm nicht liegt. Helfen Sie, ein faires Ausstiegsszenario zu finden und trennen Sie sich.

Wenn Sie den Mitarbeiter selbst ausgewählt haben, sollte es nur in Ausnahmefällen zu solchen Gesprächen kommen. Sie haben ihm hoffentlich das Bild, das ihn in diesem Beruf erwartet, so gezeichnet, wie es der Realität entspricht. Wenn Sie die verkäuferischen Fähigkeiten gründlich abgecheckt und den Mitarbeiter direkt geführt haben, dann sollte es kaum vorkommen, dass er nicht „anspringt".

Wie auch immer, es werden Ihnen zahlreiche Ausreden einfallen, warum Sie diesem Mitarbeiter jetzt noch nicht kündigen. Insgeheim wissen Sie aber meist auch schon, dass Sie damit ein Problem nur aufgeschoben haben. Also, gehen Sie über die rote Linie, es bleibt Ihnen nicht erspart!

- **Unternehmensentscheidungen mittragen**

Im Unternehmen gibt es immer wieder Entscheidungen, die Sie selbst nicht getroffen haben und trotzdem mittragen sollen. Dabei geht es beispielsweise um neue Produkte, Schwerpunkte, Verfahrensweisen, Preispolitik, Provisionen und Ähnliches.

Sie haben aber keine andere Wahl, als voll und ganz hinter solchen Entscheidungen zu stehen und sie Ihren Mitarbeitern zu vermitteln. Tun Sie das nicht mit ganzem Herzen, dann merken Ihre Mitarbeiter sofort, dass da etwas „nicht stimmt". Wenn Ihnen bestimmte Vertriebsschwerpunkte nicht gefallen, und Sie lassen das Ihre Mitarbeiter spüren, dann dürfen Sie sich aber auch nicht wundern, wenn die Anstrengungen der Mitarbeiter in diese Richtung mäßig sind – und damit auch die Ergebnisse.

Natürlich können Sie Ihren Einfluss „hinter den Kulissen" geltend machen und für Veränderungen in solchen Dingen eintreten. Wenn aber der Grundkonsens weiter bestehen bleibt, haben Sie keine andere Wahl, als vereinbarte Unternehmensrichtlinien gegenüber Ihren Mitarbeitern zu vertreten, und zwar voll und ganz.

- **Administration**

Unter dieser roten Linie subsumieren Führungskräfte gerne alle jene Tätigkeiten, bei denen am Schreibtisch Organisationsarbeit verrichtet werden muss. Sei es auf Papier oder am Computer, irgendjemand fordert ausgefüllte „Zettel", schriftliche Berichte oder computergestützte Auswertungen. Vieles davon ist tatsächlich als notwendige Führungsarbeit zu verstehen, wenn es sich dabei zum Beispiel um Auswertungen handelt, die unmittelbar im Führungsgespräch eingesetzt werden können. Einiges davon ist gänzlich unnötig. Bei genauerer Betrachtung zeigt sich auch, dass manches „Unnötige" in dieser Form auch von niemanden im Unternehmen eingefordert wird.

Ich behaupte, dass sich Führungskräfte oft gerne hinter ihrem Schreibtisch verstecken und sich dadurch vor der direkten Führungsarbeit „drücken". Es ist viel wichtiger, einen jungen Mitarbeiter bei der Vorbereitung auf sein Verkaufsgespräch zu unterstützen, als irgendwelche Zettel auszufüllen.

> Als ich Verkaufschef einer Versicherung war, habe ich Folgendes erlebt: Beim Besuch einer großen Filiale meines Verkaufsgebiets sah ich in einem Zimmer lauter junge Mitarbeiter, die mit Unterlagen beschäftigt waren. Zum Teil waren es fachliche Unterlagen zu Produkten, zum anderen Teil Listen von potenziellen Kunden. Es wurde geblättert, unterstrichen und wieder weggelegt. Im Zimmer daneben saß der Vorgesetzte, der ebenfalls mit Unterlagen beschäftigt war. Es handelte sich um Auswertungen von Mitarbeiterleistungen, Offerten für größere Verträge, die abgezeichnet werden mussten, und Unterlagen über zwei Bewerber.

Ich beobachtete eine Zeit lang die Aktivitäten in beiden Zimmern und stellte mir schon vor, wie die Verkäufer vom Aktenstudium am Abend müde sein würden, ohne an diesem Tag einen Kunden gesehen zu haben. Der Vorgesetzte würde wohl auch von der vielen administrativen Arbeit erschöpft sein, ohne direkte Führungsarbeit geleistet zu haben. Das kann es ja nicht sein, dachte ich mir.

Ich bat die fünf jungen Mitarbeiter und ihren Vorgesetzten in den kleinen Seminarraum der Geschäftsstelle. Weil gerade der Schwerpunkt „Unfallschutz" lief, bat ich die Verkäufer, aus ihrem Bestand eine Liste von zwanzig Personen ohne private Unfallvorsorge zu selektieren. Dann ließen wir uns einen guten Satz zum Einstieg am Telefon einfallen, überlegten uns noch zu erwartende Kundeneinwände und deren Lösungen, und schon ging es los.

Ich habe heute noch die Unterlagen zu diesem Telefontraining. Von hundert potenziellen Kunden wurden an diesem Abend 46 telefonisch erreicht. Mit 35 Kunden konnte ein Termin vereinbart werden. Innerhalb der nächsten beiden Wochen wurden 16 neue Unfallversicherungen abgeschlossen. Können Sie nachvollziehen, wie sehr diese Aktion die jungen Verkäufer motiviert hat?

Wir verstecken uns leider gerne hinter unseren Aktenbergen. Das gilt für Verkäufer und für Führungskräfte gleichermaßen. Administration wird zwar oft als lästig erlebt, ist aber zugleich eine brillante Ausrede, warum wir das, was wir eigentlich tun sollten, nicht tun können. Das Überschreiten gerade dieser roten Linie ist für Führungskräfte eine der wichtigsten Voraussetzungen, um direkte Führungsarbeit erfolgreich zu praktizieren.

• **Die Demonstration von Verkaufsaktivitäten**

Für viele Führungskräfte stellt die Demonstration der telefonischen Terminvereinbarung oder des Verkaufsgesprächs eine rote Linie dar, die nur schwer überschritten werden kann. Dahinter steht die Angst zu versagen. „Wenn es mir nicht gelingt, mit den Methoden, die ich von Mitarbeitern einfordere, erfolgreich zu sein, wie sollen dann die Mitarbeiter an den Erfolg der Methoden glauben?“ Die Ausreden, warum man Mitarbeiter nicht zum Kunden begleitet, sind vielfältig: „Die Mitarbeiter wollen das nicht“, „die Kunden wollen das anscheinend auch nicht“, „es kommt nichts dabei raus“ – so und ähnlich beantworten Führungskräfte die Frage, warum sie ihre Mitarbeiter nicht begleiten.

Natürlich ist das begleitete Gespräch beim Kunden eine Situation, die vorher genau abgestimmt werden muss. Die Frage, wer welchen Part übernimmt, muss ebenso klar sein wie die Information, die man dem Kunden gibt. Generell gilt, dass der Vorgesetzte eher den Part des Beobachters einnehmen wird, um nach dem Gespräch ein umfassendes Feedback geben zu können. Dem Kunden kann man in diesem Fall erklären, dass der Begleiter (Führungskraft) ein Spezialist aus der Fachabteilung ist, der in diesem Gespräch für spezifische Fragen zur Verfügung steht. Es muss aber auch vorher zwischen Verkäufer und Führungskraft abgestimmt werden, unter welchen Voraussetzungen der Vorgesetzte auf jeden Fall eingreift. Das wird zum Beispiel dann erforderlich, wenn das Gespräch zu scheitern droht.

Es geht nicht so sehr darum, vor dem Mitarbeiter zu glänzen. Menschen haben ihren eigenen Stil, und der Anteil des persönlichen Verhaltens ist trotz aller „technischen Vorschriften“ für ein ordentliches Verkaufsgespräch glücklicherweise noch von so großer Bedeutung, dass es nicht sinnvoll ist, das Verhalten anderer zu kopieren.

Die rote Linie „Begleiten und Demonstrieren“ werden Sie dann am ehesten überschreiten, wenn Sie die Situation beim Kunden nicht als „Vorzeigesituation“ definieren, sondern als Begle die dem Verkäufer die Möglichkeit gibt, Feedback über Verkaufsverhalten zu erhalten. Als Führungskraft sind Sie nicht der „Spieler“, sondern der „Coach“. Es ist für den Mitarbeiter viel wichtiger, dass Sie einzelne „Spielszenen“ vorbesprechen bzw. nachbearbeiten, anstatt selbst zu spielen.

Verkäufer haben es meist auch nicht gern, wenn eine Führungskraft sie zum Kunden begleitet. Sie fühlen sich kontrolliert und finden in dieser Stress-Situation nicht leicht zu ihrem natürlichen Verhalten. Trotzdem wird sich der Blick auf die Arbeitsweise des Mitarbeiters oft nicht vermeiden lassen, wenn dieser mit seinen Umsätzen kämpft oder in Teilzielen im Vergleich zu anderen abfällt. Grundsätzlich gilt, je genauer Sie festlegen, was der Mitarbeiter tun soll, desto sicherer wird er sich fühlen und durch Ihr Feedback im Anschluss solche begleiteten Termine bald als das verstehen, was sie eigentlich sind: eine große Chance, durch das „Vorhalten des Spiegels“ Verkaufsverhalten zu professionalisieren.

• Der erfolgreiche Umgang mit der roten Linie

Bestimmt haben Sie in den vorangegangenen Ausführungen manches entdeckt, das Ihnen bekannt vorkommt. Ich habe zwar nur eine Auswahl der roten Linien beschrieben, die Seminarteilnehmer immer wieder in ihrem Führungsverhalten identifizieren, ich denke aber, dass die wichtigsten Punkte angesprochen sind. Sehr bedenklich ist, dass den Teilnehmern die rote Linie „Vereinbarungen treffen und einfordern“ immer wieder als Erstes einfällt. Dabei geht es um den Kern dessen, was Führung ausmacht. Wer diese Hürde nicht überwindet, wird sich mit seiner Verkaufsmannschaft nicht entwickeln können. Weil Menschen so gerne geliebt werden wollen, trachten sie danach, Konfliktsituationen eher zu vermeiden. Eine „Krise“ in der Beziehung mit einem Mitarbeiter, den Sie direkt führen wollen, entsteht aber (wenn überhaupt) nur am Anfang der intensiven Auseinandersetzung mit ihm. Je mehr es dem Mitarbeiter bringt, desto eher wird er Ihr konsequentes Verhalten zu schätzen wissen. Wenn man mit Verkäufern spricht, dann sind ihnen Führungskräfte, die konsequent sind, jedenfalls lieber als jene, mit denen man alles machen kann. Menschen wollen sich prinzipiell entwickeln. Sie benötigen aber hin und wieder jemanden, der sie konsequent dazu bringt, den „inneren Schweinehund" zu überwinden und ihre rote Linie zu überschreiten. Und das ist Ihre wichtigste Führungsaufgabe.

Bezüglich der roten Linie gilt für Führungskräfte dasselbe wie für Verkäufer. Solange Sie sich Ihre roten Linien nicht bewusst machen und anschließend konsequent bearbeiten, werden Sie sich als Führungskraft nicht entwickeln. Die Führungsfunktion bringt gewisse Verhaltensregeln mit sich, die einfach unumgänglich sind. Nur wenn Sie diese Verhaltensregeln konsequent in Ihr Führungsverhalten einbeziehen, werden Sie als Führungskraft langfristig Erfolg haben.

6. Die typische Arbeitswoche

Die Frage, wie viel Arbeitszeit eine Führungskraft mindestens direkt mit den Mitarbeitern verbringen muss, um erfolgreich führen zu können, wird von meinen Seminarteilnehmern in der Regel mit 40 und 60 Prozent beantwortet. Mit 60 Prozent würde ich mich durchaus zufrieden geben. Wenn man den Tatsachen aber genauer auf den Grund geht, sieht man, dass für echte Führungsarbeit meist wesentlich weniger Zeit aufgewendet wird.

In der Regel bitte ich einen Teilnehmer, seine Führungsarbeit anhand des Terminplans einer „typischen Arbeitswoche" (kein Urlaub, kein Seminar ...) bewerten zu lassen. Zuerst gibt es gegen diesen Vorschlag meist Widerstände, denn niemand will sich gerne in die Karten schauen lassen. Schließlich findet sich dann aber immer jemand, der sich auf dieses Experiment einlassen will. In diesem Fall (es handelt sich um das eingangs beschriebene Seminar) erklärte sich Herr Müller bereit, seine Termine einer typischen Arbeitswoche offen zu legen. In Erinnerung bringen möchte ich, das Herr Müller regionale Führungskraft eines großen Finanzdienstleisters ist.

Montag	Dienstag	Mittwoch	Donnerstag	Freitag
09:00–10:30 ZE1 Zentrale: Meeting Führungskräfte **11:00–12:15 MA1** Büro: Gespräch mit einem Mitarbeiter **100 %** **12:30–13:30 MI1** Mittagessen **13:30–14:00 LE1** leer **15:00–16:45 KU1** Termin mit Klein-unternehmer **17:00–18:30 MA2** Kundenbesuch mit Mitarbeiter **100%**	**09:00–11:00 MA3** Regionaldirektion: Verkäufer-Meeting **50%** **11:00–12:00 LE2** leer **12:00–13:00 MI2** Mittagessen **13:45–16:00 RD1** Besuch Regionalbüro 1 **50%** **16:00–17:15 MA4** Bewerbergespräch **17:30–19:00 MA5** Bewerbergespräch	**09:00–11:30 RD2** Besuch Regionalbüro 2 **50%** **12:00–13:00 MI3** Mittagessen **13:15–15:45 ZE2** Zentrale: Erledigungen in Fachabteilungen **16:00–18:00 ZE3** Zentrale: Projektsitzung „Neues Produkt“ **19:00–20:00 MA6** Kundenbesuch mit Mitarbeiter **100%**	**09:00–16:30 ZE4** Zentrale: Teilnahme als Beob-achter an einem zen-tral veranstalteten Assessment-Center zur Auswahl neuer Verkäufer **18:00–19:00 MA 7** Gemeinsames Telefo-nieren mit jungen Mitarbeitern **100%**	**09:00–11:30 RD3** Besuch Regionalbüro 3 **50%** **12:00–13:15 MI4** Mittagessen **13:30–15:30 LE3** leer
8,5 h	**11h**	**12h**	**11h**	**6,5h**

Typische Woche einer Führungskraft – Finanzdienstleistung

Herr Müllers Terminplan wurde vorerst kommentarlos auf eine Pinnwand geschrieben. Die anderen Teilnehmer stellten einige Verständnisfragen an Herrn Müller. Der nächste Schritt bestand darin, Herrn Müller schätzen zu lassen, zu wie viel Prozent die jeweilige Eintragung in die Kategorie „direkte Führungsarbeit" einzureihen wäre. Bei Kundenbesuchen mit Mitarbeitern, Mitarbeitergesprächen und Verkaufsaktivitäten mit der Gruppe (in diesem Fall gemeinsames Telefonieren mit Neulingen) setzte Herr Müller diesen Wert mit 100 Prozent an. Die Besuche in den Regionalbüros waren mindestens zur Hälfte von organisatorischer und administrativer Tätigkeit gekennzeichnet und nur zur Hälfte von Führungsgesprächen mit Mitarbeitern. Der Anteil der direkten Führungsarbeit wurde somit auf 50 Prozent geschätzt. Wenn man nun die Anzahl der Arbeitsstunden in dieser Woche zusammenzählt und den Anteil an direkter Führungsarbeit gegenüberstellt, kommt man auf weniger als 25 Prozent. Alle Teilnehmer waren sich einig, dass damit der Kern der Wahrheit in etwa getroffen wurde. Die leeren Felder bedeuten natürlich nicht, dass die Führungskraft in dieser Zeit nichts tut. Es ist immer genug zu „erledigen", Berichte sollen geschrieben werden, Listen ausgewertet, vielfältige Marketingmaßnahmen geplant werden. Der Anteil an Reisezeiten ist ebenfalls nicht außer Acht zu lassen.

Als die restlichen Teilnehmer im Verlauf der Seminareinheit gebeten wurden, eine ihrer eigenen typischen Arbeitswochen in dieser Art und Weise zu analysieren, kamen sie zu ähnlichen Ergebnissen. Die Aussage, dass der Anteil der direkten Führungsarbeit an den gesamten Tätigkeiten einer regionalen Führungskraft im Vertrieb nur zirka 25 Prozent beträgt, ist somit zulässig und hat bei den Seminarteilnehmern spürbare Betroffenheit ausgelöst. Da wir uns schon vorher einig waren, dass der Anteil der direkten Führungsarbeit einer regionalen Führungskraft mindestens 50 Prozent der gesamten Tätigkeiten ausmachen sollte, gingen wir die einzelnen Termine des Wochenplans gemeinsam durch. Wir wollten herausfinden, was genau bei diesen einzelnen

Terminen passierte und wie man Führungsarbeit dabei direkter angehen könnte.

Ausgangssituation:

Die ersten Fragen ergaben, dass Herr Müller als Führungskraft in einer Regionaldirektion arbeitete. In der Regionaldirektion selbst arbeiteten acht Verkäufer. Im Umkreis von etwa 40 Kilometern betreute Herr Müller noch drei Regionalbüros, die den Stützpunkt für jeweils drei bis fünf Verkäufer bildeten. Somit war Herr Müller der Chef von insgesamt 19 Verkäufern. Zehn davon wiesen eine Unternehmenszugehörigkeit zwischen ein und drei Jahren auf, die anderen neun waren schon mindestens vier Jahre im Unternehmen.

Die Regionaldirektion war als Kundenzentrum gut ausgebaut. Dort saßen zwei Innendienstkräfte, die den Kundenkontakt abwickelten und auch „einfaches Geschäft" via Bildschirm verarbeiteten. In der Regionaldirektion gab es außerdem einen gut eingerichteten Schulungsraum. Die Entfernung zur Unternehmenszentrale betrug zirka 60 Kilometer.

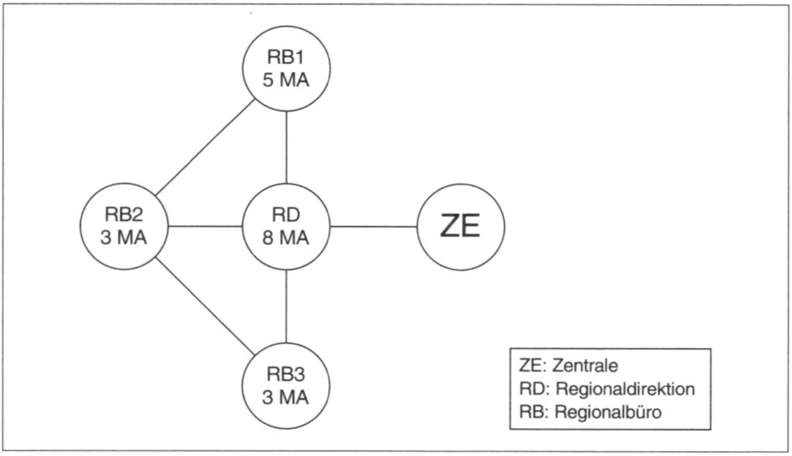

Die Struktur des Verantwortungsbereichs

Montag, 09:00–10:30 Zentrale:
Meeting Regionalführungskräfte ZE1

Dieser erste Wochentermin ist ein „Jour fixe“, der jeden Montag und stets zu diesem Zeitpunkt stattfindet. Die etwa zehn regionalen Führungskräfte des Unternehmens werden vom Verkaufsleiter zu dieser Sitzung eingeladen. Themen sind Produktionszahlen, Produktschwerpunkte und sonstige aktuelle Themen. Die meisten Teilnehmer empfinden diese Sitzungen als unproduktiv. Für Herrn Müller bieten sich in Zukunft zwei Möglichkeiten, diese Sitzungen zu nutzen:

Herr Müller kann die Präsentation der aktuellen Verkaufszahlen weiterhin still über sich ergehen lassen und hoffen, dass alles schnell vorbei ist. Er kann aber auch diese Sitzung mitgestalten und somit zu „seiner“ Sitzung machen, indem er den Erfahrungsschatz der Anwesenden nutzt und zu aktuellen Themen seiner direkten Führungsarbeit Fragen stellt. Diese Fragen könnten beispielsweise folgendermaßen lauten:

- „Kann mir jemand sagen, wie man die Terminfrequenz von jungen Teilnehmern erhöht?“
- „Wie argumentieren Sie gegenüber Kunden, die aufgrund der aktuellen Börsensituation mit ihrer Investition noch abwarten wollen?“
- „Welche Erfahrungen haben Sie mit der Begleitung von Mitarbeitern im Verkaufsgespräch?“

Sie, liebe Leser, werden sofort feststellen, dass das die eigentlichen Fragen sind, die Führungskräfte im Vertrieb brennend interessieren. Die Frage ist nur: Warum stellt niemand diese Fragen?

Wer Fragen stellt, glaubt, Schwächen zu zeigen. Wir wollen uns lieber nicht blamieren und begeben uns gar nicht in die Gefahr, etwas zu fragen, was wir eigentlich wissen sollten. Wenn wir dann die rote Linie überschreiten und die Frage doch stellen, geschieht es häufig, dass wir damit einen für alle fruchtbaren Diskussionsprozess auslösen, bei dem alle von den Erfahrungen der anderen profitieren. Je öfter wir in solchen Sitzungen Fragen stellen, umso mehr wird dies Teil der Kultur der Sitzung. Andere werden diesem Beispiel folgen.

☛ *Gestalten Sie Besprechungen durch gezielte Fragen zur Verkaufspraxis aktiv mit. So gelingt es Ihnen, für die direkte Führung vor Ort entscheidend zu profitieren.*

Montag, 11:00 – 12:15
Büro: Gespräch mit einem Mitarbeiter MA1

Herr Müller berichtet von einem Gespräch, um welches ihn Herr N., einer seiner Verkäufer, gebeten hatte. Herr N. war ein erfahrener Verkäufer, der seine Umsatzziele in den letzten Monaten immer ohne Probleme erreicht hatte. Herrn Müller war klar, dass Herr N. in manchen Bereichen sein Potenzial noch nicht ausgeschöpft hatte, trotzdem war er mit seinen Leistungen, vor allem im Vergleich zu anderen Verkäufern, sehr zufrieden.

Herr N. suchte für folgendes Problem eine Lösung: Er hatte aufgrund guter Kontakte zu Betriebsräten direkten Zugang zu den Mitarbeitern mehrerer Betriebe aus unterschiedlichen Branchen. In letzter Zeit hatte sich herausgestellt, dass Herr N. in der Kraftfahrzeugversicherung immer mehr mit Konkurrenzangeboten zu kämpfen hatte, obwohl er für seine Betriebe mit der zentralen Fachabteilung Sonderkonditionen ausgehandelt hatte, die aber in vielen Fällen nicht mehr ausreichten. Ein Blick auf den Schadensverlauf in den Betrieben zeigte, dass durchaus noch Raum für großzügigere Nachlässe vorhanden war. Nach einem Telefonat mit der zentralen Fachabteilung wurden die Rabattmöglichkeiten um weitere sieben Prozent erhöht. Herr N. war damit zufrieden, Herr Müller noch nicht ganz. Als er sich das Produktionsblatt von Herrn N. ansah, stellte er fest, dass Herr N. über 60 Prozent der Kunden in seinem Bestand führte, die keine andere Sparte bei ihm abgeschlossen hatten. Mit dieser Statistik konfrontiert, antwortet Herr N. mit typischen Verkäuferausreden, zum Beispiel dass diese Kunden „diese Sparte schon woanders abgeschlossen hatten“ beziehungweise sich kaum etwas leisten konnten oder er „sowieso demnächst darüber reden würde“. Herr Müller beließ es dabei.

Dieses Gespräch fiel in der ursprünglichen Einschätzung zu 100 Prozent unter die Kategorie direkte Führung. Bei genauerer Betrachtung sehen wir nun, dass die Führungsarbeit in diesem Gespräch zu unpräzise ausgeführt wurde. Wenn Sie über eine Stunde lang mit einem Mitarbeiter reden, ist das eine große Chance für eine ausführliche Analyse seiner Arbeitstechnik, um ihm Potenziale aufzuzeigen, die er noch nicht ausgeschöpft hat.

Als Herr N. auf die schwierige Preissituation stößt, überlegt er nur: Wie kann ich es billiger machen? Er denkt nicht darüber nach, was die Kunden, die bei ihm die Kraftfahrzeugversicherung abgeschlossen haben, für ihre Altersvorsorge tun werden, oder darüber, wie ein schwerer Unfall ihr Leben verändern würde, oder wie die Kunden in einem Rechtsstreit zu ihrem Recht kommen. Als „direkte Führungskraft“ sind Sie nun aufgefordert, diese Situation aufzuzeigen und entsprechendes Verhalten einzufordern. Im Fall von Herrn N. können Sie zum Beispiel die private Altersvorsorge als Schwerpunkt herausgreifen und mit ihm vereinbaren, dass er nach jedem Abschluss einer Kraftfahrzeugversicherung die Frage stellt: „Herr Kunde, was werden Sie eigentlich im Ruhestand einmal tun?“ Der Kunde wird darüber reden, und es wird ihm klar werden, dass er dafür eine private Vorsorge braucht. Lassen Sie Herrn N. eine begleitende Dokumentation verfassen (Stichworte), aus der hervorgeht, wie viele Kunden angesprochen wurden und wie viele davon abgeschlossen haben. Wenn sich Herr N. darauf verlassen kann, dass Sie diese Aufzeichnungen kontrollieren, wird er sie auch führen. Und bald darauf wird er seine Kunden automatisch auf andere Sparten ansprechen, ohne dass er darüber Aufzeichnungen führt.

☛ *Wann immer ein Mitarbeiter Sie zu einem Gespräch auffordert, seien Sie einen „direkten Führungsschritt" voraus und überlegen Sie, wie gerade dieser Mitarbeiter sein Potenzial besser nutzen kann. Helfen Sie ihm vorerst, sein Problem zu lösen, und sprechen Sie dann mit ihm darüber, welchen Entwicklungsschritt Sie von ihm in den nächsten Wochen erwarten.*

Montag, 12:30–13:30 Mittagessen MI1

Das Mittagessen bietet eine gute Gelegenheit, informell mit den Mitarbeitern zusammen zu sein. Die Atmosphäre ist ungezwungener, Menschen bringen in dieser Situation auch gern private Themen ein. Zögern Sie aber nicht, auch diese Gelegenheit als Führungssituation zu gestalten. Es reichen ein paar gezielte Fragen, um die Entwicklung der Vertriebsmannschaft voranzutreiben. Besonders gut geht das, wenn Sie mit kleineren Gruppen von Mitarbeiten zusammen sind, oder – noch besser – mit Einzelpersonen.

> Als ich noch Leiter einer großen Vertriebseinheit war, belohnte ich oft besondere Leistungen von Mitarbeitern mit einer Einladung zum Mittagessen. Meine Erfahrung war, dass die Mitarbeiter solche Einladungen immer als Incentive erlebten. Es wurde darüber gesprochen, was die Mitarbeiter erreicht hatten und wie sie es erreicht hatten. Entwicklungspotenzial wurde aber ebenso angesprochen. Wenn ich die Ergebnislisten dieser Mitarbeiter in den Wochen nach dem Gespräch genauer betrachtete, stellte ich fast immer fest, dass genau in jenem Bereich eine Entwicklung absehbar war, den wir gemeinsam als Entwicklungspotenzial geortet hatten.

☛ *Denken Sie daran, dass Sie in Bezug auf Ihre Mitarbeiter nie als Privatperson auftreten. Sie sind immer die Führungskraft, die jede Gelegenheit nutzen sollte, Entwicklung zu ermöglichen.*

Montag, 13:30–14:00 leer LE1

Grundsätzlich sind Leerräume im Terminkalender natürlich für die Erledigung unvorhersehbarer Aufgaben notwendig. Planen Sie für diesen Posten aber nicht mehr als zehn Prozent der Wochenarbeitszeit ein.

Auf Nachfrage stellt sich heraus, dass Herr Müller sich in dieser Zeit auf den Kundentermin um 15 Uhr vorbereitet hat. Es ging um ein Geschäft mit einem Kleinunternehmer, der Herrn Müller persönlich bekannt war. Besser wäre gewesen, diesem Bekannten sofort einen Mitarbeiter zu schicken, um das Geschäft abzuwickeln. Damit hätte er selbst den Termin nicht wahrnehmen müssen, und es wären ein paar Stunden für direkte Führungsarbeit geblieben.

Montag, 15:00–16:45 Termin mit Kleinunternehmer KU1

Siehe oben.

Montag, 17:00–18:30 Kundenbesuch mit Mitarbeiter MA2

Herr Müller begleitete einen jungen Mitarbeiter zu einem Kundentermin. Der junge Mann hatte den Auftrag, eine Hausratversicherung zu verlängern und eine Unfallversicherung anzusprechen. Herr Müller wurde dem Kunden als Spezialist aus der Fachabteilung vorgestellt.

Es kam zu beiden Abschlüssen, trotzdem waren Herrn Müller mehrere kleine Fehler aufgefallen. Der Verkäufer hatte zu viel präsentiert und zu wenig Fragen gestellt beziehungsweise die Pause nach einer Frage, in der der Kunde nachdenkt, nicht ausgehalten und den Prozess durch weitere Fragen unterbrochen. Im Anschluss an den Termin hatten die beiden ein ausführliches Feedback-Gespräch. Der junge Mitarbeiter war stolz auf sich, dass es gleich so gut geklappt hatte, aber auch sehr offen für die Anregungen seines Vorgesetzten. Es wurde vereinbart, dass der Mitarbeiter mit demnächst ablaufenden Hausratsverträgen versorgt werden und er bei diesen Kunden in den nächsten beiden Wochen auf ähnliche Weise vorgehen sollte. Es wurde auch genau festgehalten, in welcher Form der Mitarbeiter über diese Gespräche Aufzeichnungen machen sollte, und ein Termin vereinbart, an welchem er und Herr Müller darüber wieder ein Gespräch führen würden. Das ist mit „direkter Führungsarbeit“ gemeint.

☛ *Begleiten Sie Ihre Mitarbeiter hin und wieder zum Kunden. Legen Sie vorher genau fest, in welcher Rolle Sie auftreten werden, und vereinbaren Sie mit dem Mitarbeiter einzelne Arbeitschritte. Beobachten Sie genau und geben Sie anschließend ein ausführliches und konstruktives Feedback.*

Dienstag, 09:00–11:00
Regionaldirektion – Verkäufermeeting MA3

Stellen Sie sich vor, dass Sie zwei Stunden lang alle Ihre Verkäufer versammelt haben. Was für eine Chance, Menschen zu bewegen!

In unserem Fall hatte Herr Müller das monatliche Meeting seiner Vertriebsmannschaft für diesen Tag festgelegt. Diesmal stand die Präsentation eines neuen Produkts und die Verteilung entsprechender Verkaufsunterlagen auf dem Programm. Außerdem sollten Mitarbeiter, die in einem Wettbewerb gut platziert waren, geehrt sowie diverse Themen besprochen werden. Herr Müller räumte ein, dass die Stimmung in solchen Meetings meist eher mäßig war. Ein paar ältere Mitarbeiter nutzen die Gelegenheit gerne, um ihren Unmut zum Ausdruck zu bringen, der Lärmpegel ist meist hoch.

Wenn Ihnen direkte Führungsarbeit ein Anliegen ist, dann müssen Sie die Chance, mit einer Gruppe von Mitarbeitern zu arbeiten, unbedingt nutzen. Solche Veranstaltungen sollten deshalb neben einem Informationsteil immer einen Praxisteil enthalten. Wenn Sie diesen Standard einmal gesetzt haben, dann wird das den Mitarbeitern ab dem zweiten Mal schon vertraut vorkommen. Die Möglichkeiten zur Gestaltung des Praxisteils sind vielfältig. Sie können zum Beispiel nach einer Produktpräsentation in Arbeitsgruppen Argumente für dieses Produkt, Fragen an die Kunden oder auch mögliche Einwände des Kunden und deren Lösungen erarbeiten lassen. Sie können auch die Standardeinwände, die die Kunden immer wieder zu Ihren Produkten bringen, reihum abfragen. Und Sie werden feststellen, dass das von Mal zu Mal immer besser geht. Eine andere Möglichkeit besteht darin, Verkaufsgespräche im Rollenspiel zu üben oder einem erfolgreichen Mitarbeiter Fragen zu stellen, was genau die Kriterien für seinen Erfolg sind. Das sind natürlich nur ein paar Beispiele, weitere Möglichkeiten fallen Ihnen sicher ein. Denken Sie daran: Sie sind für den Erfolg Ihrer Mannschaft verantwortlich. Führen Sie so direkt wie möglich. Nutzen Sie jeden Kontakt mit Mitarbeitern, ob einzeln oder in Gruppen, um die Verkaufstechnik zu entwickeln.

Die Gruppen sollten dafür aber nicht zu groß sein, und eine harmonische Gruppe geht mit solchen Inhalten natürlich leichter um als eine bunt gemischte. Vielleicht gelingt es Ihnen, auch die erfahrenen Verkäufer einzubinden, indem Sie sie auf deren Erfahrungsschatz ansprechen und sie so zur Mitarbeit animieren. Ansonsten ist es besser, die Gruppen zu teilen. Auch wenn Sie die Besprechung dann zweimal durchführen müssen, wird Ihnen der Erfolg bei der Umsetzung diese verlorene Zeit rasch wieder einbringen, weil Sie so die Themen teilnehmergerechter aufbereiten können.

☛ *Nutzen Sie jedes Meeting, um Verkaufstechniken zu trainieren und zu entwickeln. Gestalten Sie den Ablauf so, dass die Verkäufer möglichst großen Nutzen für ihr Verkaufsverhalten ziehen. Dabei ist Information auf jeden Fall zu wenig. Lassen Sie üben, wenn Sie sicher sein wollen, dass die Mitarbeiter das Gelernte beim Kunden gekonnt einsetzen werden.*

Dienstag, 11:00–12:00 leer LE2

Siehe LE1.

Dienstag, 16:00–19:00 Bewerbergespräche MA4, MA5

Bewerbergespräche gehören mit zu den schwierigsten Führungsaufgaben. Es geht darum, den Bewerber möglichst genau darauf „abzuklopfen", ob er in diesem Job erfolgreich sein wird oder nicht. Es geht aber auch darum, ihm ein möglichst realistisches Bild der Arbeitssituation, die ihn erwarten wird, zu vermitteln.

Wo finden Sie eigentlich die Verkäufer, die genau in Ihr Team passen werden? Sie kennen viele Möglichkeiten, an neue Leute heranzukommen. Über Inserate, Arbeitsamt, Bekannte von Kunden oder Mitarbeitern, Empfehlungen. Diese Liste ließe sich noch fortführen. Die besten Erfahrungen bei der Suche nach neuen Mitarbeitern habe ich mit der Direktansprache gemacht. Beobachten Sie Verkäufer bei der Arbeit. Nehmen wir an, Sie stehen in der Sportabteilung eines Kaufhauses und beobachten dort das Treiben. Wie lange wird es wohl dauern, bis ein freundlicher Verkäufer auf Sie zukommt und Sie mit ein paar geschickten Fragen in ein Gespräch verwickelt? Wenn das passiert ist, dann stehen Sie vielleicht bald vor einer Auswahl neuer Skier und finden durch weitere geschickte Fragen des Verkäufers bald heraus, welches Modell zu Ihnen passt. Wenn Sie sich als „Kunde" in diesem Testgespräch nun so richtig wohl gefühlt haben und Sie überzeugt davon sind, dass es genau dieser Ski sein muss, egal, was er kostet, dann haben Sie wahrscheinlich ein Gespräch mit einem Verkäufer geführt, der genau zu Ihnen passt. Nun sind Sie am Zug und stellen folgende Fragen: „Wissen Sie eigentlich, dass Sie sehr gute Fragen stellen können?... Ich bin gerade dabei, mein Verkäuferteam zu vergrößern. Haben Sie Lust, sich mit mir einmal darüber zu unterhalten?"

In diesem Beispiel haben Sie sich selbst einen Verkäufer ausgesucht, der genau zu Ihnen passt. Sie haben ihn auch im „Echtbetrieb" erlebt, was von keinem noch so professionell durchgeführten Assessment-Center simuliert werden kann. Nun geht es darum, dem Neuen möglichst viele Informationen über das, was ihn bei Ihnen erwartet, zukommen zu lassen, aber auch darum, die Person und sein Umfeld genau kennen zu lernen. Sobald Sie sich entscheiden, diese Person einzustellen, tragen Sie für sie die Verantwortung. Sie müssen sie so „direkt" führen, dass sie eine echte Chance hat, sich in ihrem neuen Job zu entwickeln.

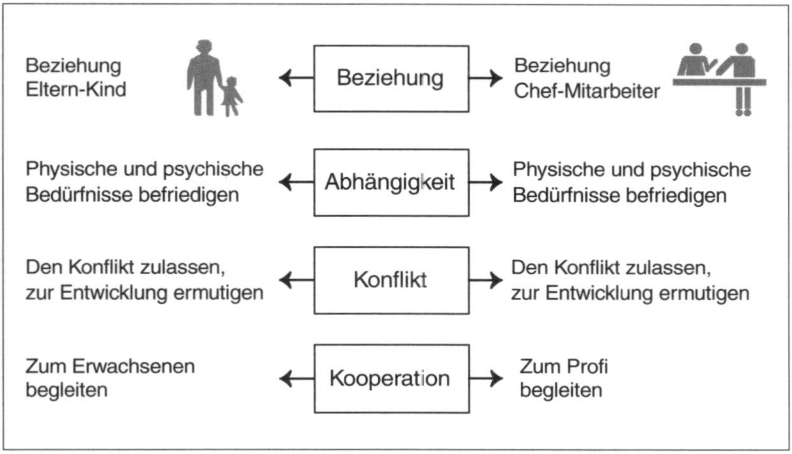

Führen heißt eine Beziehung aufbauen

Wichtig ist, dass Sie einem neuem Mitarbeiter ein Umfeld bieten, in dem er eine Chance hat, sich zu entwickeln. Am Anfang ist Ihre Beziehung zum neuen Mitarbeiter mit der Beziehung einer Mutter zu ihrem Kind vergleichbar. Das Kind kann noch nichts selbst tun. Die Mutter muss es ernähren, kleiden, waschen, liebkosen, damit es überleben kann. Übertragen auf den neuen Mitarbeiter heißt das, sein Überleben zu sichern, indem Sie ihm genau zeigen, was er tun muss. Begleiten Sie ihn bei den ersten Verkaufsgesprächen, üben Sie mit ihm Verkaufstechniken, zeigen Sie ihm, dass Sie für ihn da sind. Eine intensive Zuwendung zum Neuling macht sich später immer bezahlt, und er hat ein Recht darauf. Die Konfliktphase in der Eltern-Kind-Beziehung macht sich durch Trotzen im Kleinkindalter und in der Pubertät bemerkbar. Das Kind muss sich mit den Eltern reiben und seinen eigenen Weg ins Leben finden. Mit den Verkäufern verhält es sich natürlich ganz ähnlich. Wenn Sie Anzeichen dafür feststellen, dann lassen Sie die Zügel ruhig lockerer. Kontrollieren Sie aber, ob der Neuling wirklich schon auf eigenen Beinen stehen kann. In der Kooperationsphase haben Sie schließlich den verlässlichen Partner vor sich, der konstruktiv kritisch ist, Sie aber im Zweifelsfall immer unterstützt. Genießen Sie die Kooperation mit diesem Mitarbeiter, Sie haben den Grundstein für diese Entwicklung durch Ihr Engagement in der ersten Phase gelegt.

In Ihrer Verkäufermannschaft finden sich mit Sicherheit einige Kollegen, die ihren Job nicht so gestalten, wie Sie sich das vorstellen. Es gibt immer wieder Ausreden, zu große Leerräume, aber auch zu rasche Zufriedenheit, wenn das Jahresziel schon erreicht wurde. Schuld daran sind wir selbst, indem wir das Verhalten jener Mitarbeiter jahrelang ohne Konsequenzen geduldet haben, nach dem Motto: „Besser er bringt ein bisschen was, als dass ich mir wieder einen Neuen suchen muss." Es ist sehr schwer, das Verhalten dieser Verkäufer nachhaltig zu verändern. Es geht überhaupt nur, wenn Sie „ständig" und „direkt" führen, konkrete Vereinbarungen treffen und immer wieder kontrollieren und einfordern. Das sind die einzigen Mechanismen, die Verhalten nachhaltig verändern können.

Umso wichtiger ist es, sich voll ins Zeug zu legen, wenn Sie die Chance haben, einen „unverdorbenen" Verkäufer in Ihrem Vertriebsbereich einzuführen. Sie zeigen ihm ständig, wie er zum Verkaufserfolg kommt. Sie geben Hinweise zur Persönlichkeit und zur Arbeitstechnik, erklären, kommentieren und fordern immer wieder ein. Der Neuling wird genau das tun und damit erfolgreich sein.

Herr Müller war nach eigener Beschreibung mit zwei Bewerbungsgesprächen nicht besonders zufrieden. Er hatte die Bewerber über ein Zeitungsinserat gefunden und war sich nach den Gesprächen keineswegs sicher, ob er ihnen eine positive Entwicklung als Verkäufer zutrauen konnte. Durch gezielte Fragen wurde ihm klar, dass bei beiden Teilnehmern die Zweifel überwogen. Und obwohl er die beiden Herren schon für ein Assessment-Center gemeldet hatte, entschied er spontan, die Nennungen wieder zurückzuziehen und von einer Anstellung abzusehen.

☛ *Nehmen Sie sich für die Auswahl eines neuen Mitarbeiters genügend Zeit. Er soll zu Ihnen und in Ihr Team passen, und er muss genügend verkäuferisches Potenzial in sich haben. Führen Sie ihn sehr „direkt" in seinen neuen Job ein. Sie geben ihm eine echte Chance, sich zu entwickeln, und Sie sparen sich so im weiteren Verlauf der Kooperation eine Menge Arbeit.*

Mittwoch, 09:00–11:30 Besuch Regionalbüro 2 RD2

Siehe RD1.

Mittwoch, 12:00–13:00 Mittagessen MI3

Siehe MI1.

Mittwoch, 13:15–15:45 ZE2
Zentrale: Erledigungen in der Fachabteilung

Bei diesem Termin geht es darum, in unterschiedlichen Abteilungen Zusagen auszuhandeln, die von der Norm abweichen bzw. offene Geschäftsfälle zu erledigen, für deren Bearbeitung die Kompetenz bei anderen Stellen liegt.

Selbstverständlich ist die persönliche Kommunikation immer der beste Weg der Auseinandersetzung. Die betroffenen Personen erhalten einen Eindruck voneinander. Beziehungsmanagement ist oft der Grund dafür, dass Entscheidungen schneller getroffen werden bzw. Kulanzleistungen großzügiger ausfallen. Natürlich sollte das nicht so sein, aber wir „menscheln" eben gerne.

Es spricht auch nichts dagegen, Entscheidungsträger gerade aus diesen Gründen hin und wieder persönlich aufzusuchen. Dann sollten Sie aber Ihre Unterlagen so gut aufbereitet haben, dass rasche Entscheidungen möglich sind.

In vielen Fällen reicht es aber, die Möglichkeiten der modernen Kommunikation auszunutzen und Ihre Anliegen per E-Mail oder Fax weiterzuleiten. Enorm wichtig dabei ist die präzise und trotzdem knappe Darstellung des Anliegens unter Einbeziehung von Lösungsvorschlägen. Der eine oder andere Termin wird sich dadurch erübrigen, und Sie haben wieder Zeit für „direkte Führungsarbeit“ gewonnen.

☛ *Versuchen Sie, Klärungsprozesse, die nicht der Entwicklung Ihrer Verkäufer dienen, möglichst in schriftlicher Form zu erledigen. Formulieren Sie präzise und trotzdem knapp, machen Sie Lösungsvorschläge. Die gewonnene Zeit können Sie viel besser in direkte Führungsarbeit investieren.*

Mittwoch, 16:00–18:00 Projektsitzung „Neues Produkt“ ZE3

Dass Produktentwickler ihren Vertrieb in die Entwicklung von Produkten einbinden, sollte eigentlich selbstverständlich sein. In der Praxis passiert das aber meist nicht.

Herr Müller hatte diese Sitzung als langweilig erlebt. Die Fachabteilung präsentierte die ersten Schritte der Entwicklung eines Produkts, das in ähnlicher Form von einem Konkurrenzunternehmen schon erfolgreich auf den Markt gebracht worden war. Unter der Devise „das brauchen wir auch“ wurde dem Vertrieb ein geringfügig verändertes Produkt in Aussicht gestellt, das vor allem durch den günstigeren Preis auf dem Markt bestechen sollte. Dann wurde über geplante Marketingmaßnahmen referiert. Am Schluss bekamen die Teilnehmer Unterlagen über den bisherigen Stand der Entwicklung und das weitere Procedere und erhielten den Auftrag, sich das alles bis zur nächsten Sitzung durchzusehen und Ideen zu entwickeln. Damit endete die Sitzung.

Herr Müller erzählte, dass er nach der Sitzung noch mit Kollegen über das neue Produkt diskutierte. Der Tenor war: „Uns hat wieder keiner gefragt“, „bei uns wird das wahrscheinlich nicht so laufen“, „wie bringe ich das meinen Verkäufern bei?“

Herr Müller nahm sich vor, die zweite Sitzung aktiv mitzugestalten, damit sie im Zeitbudget der betreffenden Arbeitswoche zu 100 Prozent als „direkte Führungsarbeit“ gelten konnte. Gemeinsam überlegten wir uns ein Procedere, das die erfolgreiche Aufnahme des neuen Produkts in die Vertriebsaktivitäten garantieren sollte.

Schnell war für uns klar, dass der erste Schritt die Einbindung der Erfahrungen der Mitarbeiter sein musste. Denn wenn die Verkäufer das Gefühl hatten, „ihr Produkt“ gestalten zu können, würden sie den Verkauf mit Engagement vorantreiben. Nach einer eingehenden Diskussion entschied sich Herr Müller für folgende Vorgehensweise: Er verfasste eine E-Mail an ausgewählte Mitarbeiter, die er noch am Abend des ersten Seminartags versandte. Der Inhalt bestand in einer kurzen Information, dass im Unternehmen ein neues Produkt geplant sei und wie es bisher im Groben konzipiert worden sei. Dann forderte er die Verkäufer auf, folgende Fragen zu beantworten:

- Was soll das Produkt alles „können“?
- Auf welche Eigenschaften können meine Kunden verzichten?
- Für welche Zielgruppe in unserem Kundenbestand ist es geeignet?
- Wie viel Stück davon kann ich innerhalb eines halben Jahres verkaufen?
- Usw.

Die Antworten der Mitarbeiter kamen rasch. Es war deutlich zu merken, wie gut es Menschen tut, wenn sie nach ihrer Meinung gefragt werden. Die Anregungen waren im Großen und Ganzen äußerst produktiv, auch die zu erwartenden Verkaufszahlen wurden bekannt gegeben. Die Mitarbeiter hatten dieses Produkt schon gekauft. Jetzt könnte nur noch die Fachabteilung einen Strich durch die Rechnung machen, wenn sie die Vorschläge der Verkäufer nicht wenigstens teilweise in die Entwicklung einbaute.

In einem Telefonat mit Herrn Müller nach dem Seminar erfuhr ich, dass bei der nächsten Projektsitzung auch der Vertriebsvorstand anwesend war. Irgendwann gab es die Frage, wer sich denn Anregungen zum neuen Produkt überlegt hätte. Herr Müller hatte als Zusammenfassung der Rückmeldungen seiner Verkäufer ein paar Folien produziert, die er auch präsentierte. Der Verkaufsvorstand nickte mehrmals zustimmend, und bald war klar, dass Herrn Müllers Mitarbeiter ihre Kommentare nicht umsonst abgegeben hatten. In der folgenden Diskussion wurden mehrere Korrekturen beschlossen, und auch ein regionalspezifischer Aspekt, der nur für Herrn Müllers Verkaufsgebiet zutraf, wurde berücksichtigt. Letzteres würden seine Verkäufer mit besonders großer Freude zur Kenntnis nehmen. Dem Verkaufserfolg für das neue Produkt würde damit nichts mehr im Wege stehen.

☛ *Stellen Sie sich vor jeder Projektsitzung immer die Frage: Was kann ich tun, damit diese Sitzung für meine Verkäufer und meinen Verkaufserfolg wertvoll ist? Lassen Sie sich nicht „berieseln“, sondern nutzen Sie Chancen, die Ihnen geboten werden.*

Montag, 17:00–18:30 Kundenbesuch mit Mitarbeiter K2

Siehe K1.

Donnerstag, 09:00–16:30 Assessmentcenter Z3

Herr Müller war als Beobachter zu einem Assessment-Center eingeladen. An diesem Tag wurden Bewerber aus der gesamten Direktion des Unternehmens eingeladen, sich einen Tag lang durch das Absolvieren von Übungen testen zu lassen. Die regionalen Führungskräfte hatten vor etwa einem Jahr eine Ausbildung erhalten, die sie qualifizierte, strukturierte Beobachtungen zu machen und daraus Aussagen über die Entwicklungschancen eines Bewerbers zu formulieren. An diesem Tag hatte Herr Müller keine eigenen Bewerber dabei, sondern war aufgefordert, Bewerber seiner Kollegen zu testen.

Von neun bis zwölf Uhr wurden Übungen veranstaltet, die organisatorisch so aufgebaut waren, dass jeder Beobachter jeden Teilnehmer mindestens einmal gesehen hatte. Danach folgte eine Beobachterkonferenz, in der die Leistungen der einzelnen Teilnehmer diskutiert und bewertet wurden. Dann wurden gemeinsame Entscheidungen getroffen, ob ein Bewerber ins Unternehmen aufgenommen werden sollte oder nicht. Schließlich gab es am Schluss der Veranstaltung Einzelgespräche der Beobachter mit den Teilnehmern, in denen die Entscheidungen mitgeteilt und ausführlich begründet wurden.

Herr Müller erzählte, dass immer wieder Bewerber eingeladen werden, die den Anforderungen kaum entsprechen. Wenn dann der Entscheidungsprozess stattfindet, hütet sich so mancher Beobachter, die Bewerber eines anderen kritisch zu beurteilen, weil er fürchtet, dass er bei einer anderen Gelegenheit einen eigenen Teilnehmer auch nicht „durchbringt“. Das ist jedoch fatal. Wenn der Ausbau Ihrer Verkaufsmannschaft Teil Ihres Auftrags ist, dann werden Sie versuchen, die geforderte Anzahl von Mitarbeitern zu finden und einzustellen. Machen Sie aber bei der Qualität der Bewerber ja keine Abstriche! Solche faulen Kompromisse rächen sich später mit Sicherheit. Sie stehlen den anderen Kollegen nur die Zeit, die sie mit der direkten Führung von Mitarbeitern viel wirkungsvoller einsetzen könnten.

☛ *Wenn Ihre Firma Assessment-Center zur Auswahl von Mitarbeitern einsetzt, dann laden Sie nur Mitarbeiter dazu ein, bei denen Sie keine Zweifel über deren Entwicklungschancen haben. Alles andere ist Zeitverlust und bindet unnötigerweise Führungskapazität.*

Donnerstag, 18:00–19:00 MA7
RD, Gemeinsames Telefonieren mit jungen Mitarbeitern T1

Diese Veranstaltung hat Herr Müller in sehr guter Erinnerung. Vier junge Mitarbeiter wurden in der Regionaldirektion zusammengefasst, um Kundentermine zu vereinbaren. Im ersten Schritt wurden die Zielgruppe und der Anlass, der den Kunden auf einen Termin neugierig machen sollte, besprochen. Dann wurden mögliche Einwände des Kunden und entsprechende Entgegnungen geübt. Schließlich filterte jeder Mitarbeiter seinen Bestand nach passenden Kunden. Zuletzt wurden 20 Namen und Telefonnummern auf eine Liste geschrieben, und schon ging es los.

Die jungen Mitarbeiter telefonierten in getrennten Räumen. Herr Müller beobachtete die Teilnehmer nacheinander. Nach einer knappen Stunde hatten alle die Kunden auf den Listen angerufen und im Schnitt sechs Termine vereinbart. In der anschließenden Nachbesprechung waren alle mit den Ergebnissen sehr zufrieden.

Wichtig war dabei die strukturierte Vorbereitung der Mitarbeiter. Sie wussten genau, was sie tun sollen und wie sie es tun sollen. Der Erfolg war vorprogrammiert.

Die anderen Teilnehmer gaben zu, dass sie gemeinsames Telefonieren mit Mitarbeitern wohl auch hin und wieder veranstalteten, die Ergebnisse aber selten so gut gewesen wären. Bei genauer Betrachtung stellte sich heraus, dass die Vorbereitung weniger präzise war und manchmal auch zu schnelles Aufgeben der Teilnehmer geduldet wurde („Heute ist nicht mein Tag", „Ich telefoniere lieber zu Hause", „Ich besuche die Kunden lieber persönlich"). Diese Ausreden der Verkäufer beim Überschreiten persönlicher Barrieren kommen Ihnen sicherlich bekannt vor. Als Führungskraft ist es Ihre Aufgabe, in dieser Situation nicht locker zu lassen. Wenn jeder seine Liste von Kunden mit der richtigen Einstellung und Technik bearbeitet, dann kann nichts schief gehen. Anschließend sind alle zufrieden, weil sie sich überwunden haben und stolz auf den Erfolg sind.

☛ *Ziehen Sie vereinbarte Aktivitäten konsequent durch. Sobald Sie nachgeben, erziehen Sie Ihre Mitarbeiter zur Halbherzigkeit in ihrem Job. Das dürfen Sie ihnen dann aber nicht zum Vorwurf machen.*

Freitag, 09:00–11:30 Besuch Regionalbüro 3 RD3

Siehe RD1.

Freitag, 12:00–13:00 Mittagessen MI4

Siehe MI1.

Freitag, 13:30–15:30 leer LE3

Siehe LI1.

Viele Aktivitäten, die wir in Herrn Müllers typischer Arbeitswoche unter den Oberbegriff „direkte Führung“ einreihen würden, halten dieser Bezeichnung bei genauerem Hinsehen nicht Stand. Ich lade Sie, liebe Leser, ein, nach diesem Muster eine Ihrer typischen Arbeitswochen nach echter Führungsarbeit zu durchforsten. Sicherlich werden Sie die eine oder andere Überraschung erleben.

Ergänzen möchte ich an dieser Stelle noch die Möglichkeit, Fahrzeiten zu nutzen, um Telefonate zu erledigen. Natürlich tun Sie das in der Praxis. Es geht mir aber nicht so sehr um „Erledigungen“ am Telefon, sondern um das (fast) tägliche Telefonat mit dem Mitarbeiter. Strukturiert, kurz, wirkungsvoll. Was plant er? Was erwartet er von diesem Tag? Worauf wird er aufpassen? Usw. Geben Sie Ihren Leuten das Gefühl, dass Sie „live“ dabei sind. Natürlich geht es dabei um Kontrolle, und selbstverständlich werden Sie Ihre „Rennpferde“ damit nicht täglich quälen.

Aber jüngeren Mitarbeitern geben Sie damit eine wichtige Orientierung, und langjährige, aber leistungsschwächere Mitarbeiter erinnern Sie damit daran, sich jeden Tag professionell zu verhalten. Irgendwann einmal verfehlt diese Konsequenz ihre Wirkung nicht. Glauben Sie mir!

7. Orientierung innerhalb des Unternehmens

Das „Zerreiben“ zwischen den einzelnen Ebenen des Unternehmens, wie Herr Müller es hautnah erlebte, ist ein Dilemma. Vor allem junge Führungskräfte empfinden diesen Konflikt oft als bedrohlich, weil sie das Gefühl haben, es nie allen Recht zu machen – egal, was sie tun. Das stimmt und hat mit der unterschiedlichen Erwartung der einzelnen Ebenen an Führungskräfte zu tun.

Der Mensch lernt im Lauf seiner Entwicklung, dass die Vielzahl der Rollen, die er immer wieder einnimmt, seine Gesamtpersönlichkeit ausmachen.

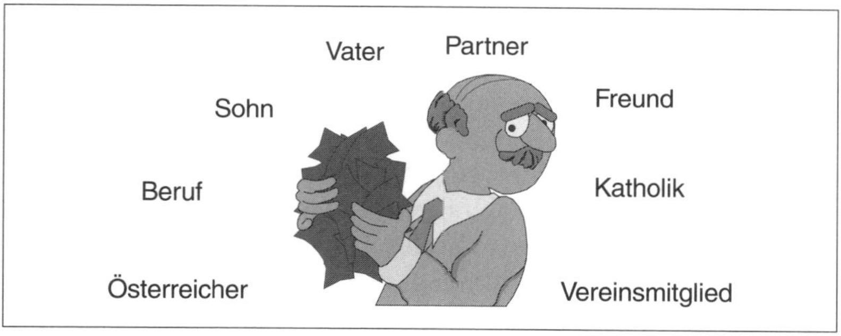

Der Mensch und seine Rollen

Die unterschiedlichen Pflichten aus den einzelnen Rollen heraus und die Erwartungen von außen an diese einzelnen Rollensegmente führen immer wieder zu Konflikten. Meist geht es dabei um die zur Verfügung stehende Zeit, die ja nur einmal verbraucht werden kann: Der Partner beklagt, dass man eigentlich mit der Firma mehr „verheiratet“ ist als mit ihm. Oder der Sohn beschwert sich, dass der Vater in seiner Freizeit auch nie da ist, weil im Verein schon wieder eine Sitzung stattfindet.

Wichtig zu wissen ist, dass die Rückmeldung von außen natürlich auch immer nur dem Rollensegment gilt, das gerade angesprochen ist. Wenn wir in der Firma ein Problem haben, dann hat das natürlich mit unserer Vaterrolle nichts zu tun. Wir neigen dazu, vor allem negatives Feedback zu ernst zu nehmen und auf unsere gesamte Person zu beziehen, obwohl nur ein Segment davon betroffen ist. Dann werden wir schnell handlungsunfähig, gereizt und schlafen schlecht.

Hinzu kommt noch ein „Rollenkorsett", das uns im Handeln aus einer bestimmten Rolle heraus einen Konflikt beschert, der von Personen unabhängig ist, uns aber trotzdem persönlich betrifft. Wenn Sie sich mit Ihrem pubertierenden Sohn streiten, dann hat das weniger mit Ihnen und Ihrem Sohn zu tun als mit den Grundkonflikt zwischen Vätern und heranwachsenden Söhnen. Trotzdem erleben wir den Konflikt als Personen.

Im Unternehmen erleben wir diese Konflikte meist noch deutlicher. Die erste Führungsebene ist besonders drastisch betroffen, weil sie die einzige ist, die unmittelbar mit Verkäufern arbeitetet und mit der Unterstützung von Mitarbeitern das umsetzen muss, was weiter oben am Schreibtisch beschlossen wird – eine sehr schwierige Aufgabe. Man kann die Leistung, die gute Führungskräfte der ersten Ebene bringen, nicht hoch genug schätzen.

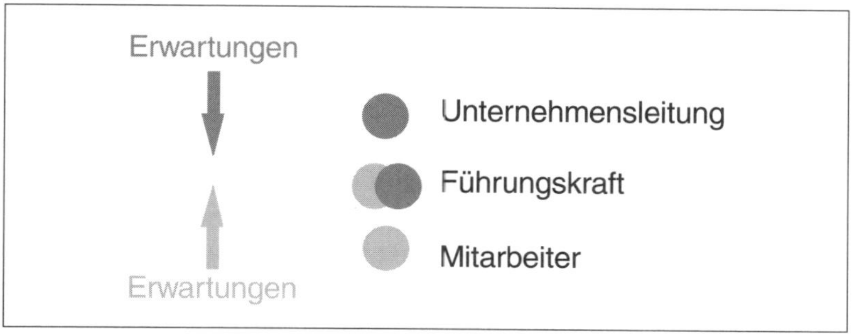

Der Zwischenvorgesetzte

Bleiben wir bei unserer Führungskraft, die eine Anzahl von Verkäufern führt. Wenn wir uns die Erwartung der benachbarten Bereiche im Unternehmen (Mitarbeiter und Unternehmensleitung) ansehen, dann wird schnell klar, dass die Führungskraft dazwischen steht und diese Erwartungen jedenfalls nicht gleichzeitig erfüllen kann. Diese unterschiedlichen Erwartungen lassen sich folgendermaßen beschreiben:

Erwartungen der Mitarbeiter	**Erwartungen der Unternehmensleitung**
Loyalität	Loyalität
Verständnis	Umsätze bringen
Unterstützung	Ruhe in der Mannschaft
Weniger ehrgeizige Ziele	Unternehmensziele umsetzen
Schutz nach außen	Arbeitseinsatz
Privates Zusammensein	Kostenbewusstsein
Usw.	Usw.

Erwartungen von Mitarbeitern und der Unternehmensleitung

Schon der erste Punkt „Loyalität“ zeigt das ganze Dilemma sehr anschaulich. Beide Seiten erwarten zu gänzlich anderen Ansprüchen die Loyalität der Führungskraft. Das kann also nicht funktionieren. Es kann nur darum gehen, es beiden Seiten „bedingt“ recht zu machen. Keine Seite darf langfristig ganz vernachlässigt werden, sonst gibt es auf der anderen Seite ein zu großes Defizit, das Sie sofort zu spüren bekommen.

Wenn ich diese Themen in meinem Führungsseminar bespreche, dann bitte ich die Führungskräfte einzuschätzen, ob sie sich in den letzten Wochen mehr zu den Mitarbeitern oder zum Unternehmen hin orientiert haben. Dazu zeichne ich eine einfache Grafik auf das Flipchart. „Oben“ ist das Unternehmen und „unten“ die Mitarbeiter. Die Teilnehmer werden dann gebeten, einen Moderationspunkt dorthin zu kleben, wo sie sich in den letzten Wochen ihrer Führungsarbeit bewegt haben. Die Punkte werden fast immer ganz in die Nähe der Mitarbeiter geklebt. Das ist natürlich nachvollziehbar, verleitet mich als Trainer aber zu folgender Frage: „Stellen Sie sich vor, Ihr Chef kommt jetzt zur Tür herein und sieht dieses Bild. Was wird er sich wohl denken?“ Und die Antwort der Teilnehmer ist sinngemäß: „Mit dem werden wir nichts gewinnen.“

Die Orientierung hin zu den Mitarbeitern ist verständlich, weil Menschen dazu neigen, sich als Teil einer Gruppe zu verstehen. Dort fühlen wir uns einfach wohl. Soziale Wärme einer Gruppe ist uns allemal lieber als das einsame Leben einer Führungskraft. Im Unternehmen wird aber genau das von uns gefordert. Führungskräfte sind umso einsamer, je weiter oben in der Hierarchie sie angesiedelt sind. Und je weiter oben Sie sind, desto weniger nah und nachvollziehbar ist für Sie die Tätigkeit der Verkäufer, die aber den Unternehmenserfolg ausmachen. Der Führungskraft der ersten Ebene kommt in diesem Zusammenhang als Puffer eine enorme Bedeutung zu.

Wichtig zu wissen, dass ...

- es in Unternehmen strukturbedingte Grundkonflikte gibt. Diese sind von Personen unabhängig, werden aber von Personen erlebt.
- Personen in Unternehmen ersetzbar sein müssen.
- die Rückmeldung sich auf die Rolle, nicht auf die Person bezieht.
- man es als Führungskraft den benachbarten Ebenen nur bedingt recht machen kann.
- zu den benachbarten Ebenen eine funktionale Distanzierung notwendig ist.

Die Orientierung einer Führungskraft auf lange Sicht kann nur zur Mitte hin sein. Sie müssen ein Teil von beiden benachbarten Ebenen werden, dürfen sich aber zugleich von keiner Seite zu sehr vereinnahmen lassen. Es gibt Zeiten, in denen Sie sich mehr nach „unten“ orientieren werden, wenn Sie beispielsweise neue Mitarbeiter einführen müssen oder mit Ihrer Mannschaft eine Veranstaltung mit Kunden planen. Sie werden sich vorübergehend mehr nach „oben“ orientieren, wenn Sie in einer Projektgruppe mitarbeiten oder wenn Sie in Ihrer Mannschaft unangenehme Maßnahmen ergreifen müssen, zu denen man Sie verpflichtet hat. Grundsätzlich aber geht es darum, beide Seiten in sich zu vereinbaren, zu vermitteln, zu verstehen, zu beruhigen, zu filtern. Denken Sie daran, dass alles, was Sie in dieser Rolle als „Zwischenvorgesetzter“ erleben, vor allem mit Ihrer Rolle und kaum mit Ihrer Person zu tun hat. Sie erleben die Auswirkungen zwar als Person, haben Gefühle und neigen dazu, Feedback persönlich zu nehmen. Da der Konflikt zwischen den Systemen aber nicht auflösbar ist, kann auch das Feedback nicht nur positiv sein. Wenn Sie das nachvollziehen, dann fällt es Ihnen viel leichter, aus der Rolle heraus und nicht als Person zu handeln.

Wichtig zu wissen, dass ...

- die Rückmeldung nur der Funktion gilt, die gerade angesprochen wird.
- die Erwartungen zum Teil unterschiedlich sind. Das führt zu Konflikten.
- es für die Wahrnehmung jeder Funktion eine bestimmte tolerierte Bandbreite gibt.
- bei jeder Funktion eine persönliche Färbung spürbar ist.

Im Unternehmen ist der Mensch eigentlich nicht wirklich wichtig. Eine Organisation funktioniert, weil man überlegt hat, welche Rollen geschaffen werden müssen, damit ein reibungsloser Ablauf gewährleistet ist. Die Rolle war also zuerst da. Dann erst hat man die Menschen gesucht, die in diese Rollen passen. Wenn es die Rolle nicht mehr gibt, etwa weil sie von technischen Neuerungen überholt worden ist, gibt es natürlich auch den Menschen nicht mehr. Noch ein Grund mehr, um sich nicht persönlich aufreiben zu lassen, sondern das Handeln als Rollenträger in den Vordergrund zu stellen.

Es geht als Führungskraft darum, Ihre Handlungsfähigkeit zu erhalten, indem Sie geschickt in alle Richtungen kommunizieren. Der erste Schritt dazu ist festzustellen, welche Umwelten für Ihre Rolle wichtig sind.

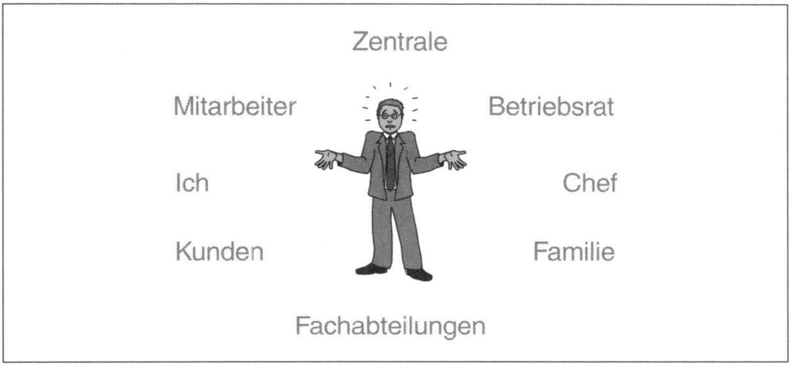

Die Führungskraft als Schnittpunkt von Erwartungen

Versuchen Sie, dieses Bild für Ihre persönliche Situation zu zeichnen. Überlegen Sie zuerst, welche Umwelten relevant sind. Versuchen Sie dann, die Erwartungen dieser Umwelten festzuschreiben. Überlegen Sie, wie gut oder schlecht Sie die Erwartungen zum gegenwärtigen Zeitpunkt erfüllen.

Die Konfrontation mit unterschiedlichen Erwartungen

- Welche Umwelten sind für meine Funktion wichtig?
- Wie kann ich die Erwartungen dieser Umwelten an mich beschreiben?
- In Bezug auf welche Punkte / Verhaltensweisen sind diese Erwartungen unterschiedlich?
- Zu welchen Konflikten kommt es dabei meistens?
- Wie kann ich in meiner Funktion trotzdem handlungsfähig bleiben?

Versuchen Sie, in diesem Zusammenhang in bestimmten Zeitabständen (zum Beispiel innerhalb eines Quartals) eine ausgeglichene Bilanz anzustreben. Aufgrund aktueller Ereignisse kann es notwendig sein, sich eine Zeit lang auf bestimmte Umwelten zu konzentrieren und gleichzeitig andere zu vernachlässigen. Das ist oft sinnvoll und auch zulässig. Versuchen Sie aber, diese Bilanzen so bald wie möglich wieder auszugleichen, und überprüfen Sie regelmäßig, ob Ihnen das auch gelingt.

Sehen wir uns an, an welchen Handlungen man erkennt, wohin sich eine Führungskraft orientiert. Was sagen die Mitarbeiter dazu? Was sagen die Vorgesetzten dazu? Die folgenden Darstellungen stammen aus Gruppenarbeiten eines Führungsseminars.

A. Die Führungskraft orientiert sich nach oben

Typische Handlungen und Verhaltensweisen:

- Er sucht Kontakt zur Chefetage.
- Er nimmt Zielvorgaben ohne Widerrede entgegen.
- Er versucht, negative Entscheidungen im Kollegenkreis immer positiv darzustellen.
- Er vergräbt sich gern hinter Zahlen.
- Er distanziert sich von der Gruppe.
- Er steht über den Dingen.

Das Feedback seiner Mitarbeiter:

- Er ist eine Marionette des Chefs.
- Er setzt sich nicht für uns ein.
- Von ihm erhalten wir wenig Unterstützung.
- Er sucht kaum Kontakt zu uns, wir aber auch nicht zu ihm.
- Wir akzeptieren ihn kaum.
- Hoffentlich bekommen wir bald einen neuen Chef.

Das Feedback seiner Vorgesetzten:

- Aus dem machen wir etwas.
- Er ist ein Vorzeigemodell gegenüber Kollegen.
- Genau so sollte es überall laufen.
- Den setzen wir in die Projektgruppe.

B. Die Führungskraft orientiert sich nach unten

Typische Handlungen und Verhaltensweisen:

- Er heult oft mit den Wölfen.
- Er ist ein Teil des „Jammerzirkels“.
- Er „biedert“ sich an, anstatt sich anzubieten.
- Er sagt vor allem das, was die Gruppe hören will.
- Er sorgt für ein gutes Gruppenklima.
- Er ist beim Einfordern von Vereinbarungen nachlässig.
- Er lässt über Ziele diskutieren.
- Er ist privat oft mit Mitarbeitern zusammen.
- Er ist mit jedem per Du.

Das Feedback seiner Mitarbeiter:

- Er ist sehr menschlich.
- Zu ihm kann man mit jedem Problem kommen.
- Mit dem arbeiten wir gerne zusammen.
- Als Führungskraft ist er zu weich.
- Ob der uns nach oben vertreten kann?
- Leider setzt er sich nie durch.

Das Feedback seiner Vorgesetzten:

- Er ist viel zu weich.
- Er hat keine Führungskompetenz.
- Er kann sich nicht durchsetzen.
- Er ist nicht erfolgreich.
- Ist der noch brauchbar?

C. Die Führungskraft orientiert sich zur Mitte hin

Typische Handlungen und Verhaltensweisen:

- Er filtert nach oben und unten.
- Er bereitet Informationen so auf, dass sie von beiden Seiten verstanden werden.
- Er versucht, Ziele des Unternehmens und der Mitarbeiter in Einklang zu bringen.
- Er ist ein Zerrissener.
- Er hat Verständnis und Achtung für „oben" und „unten".
- Er verhandelt mit „oben" über Ziele. Wenn aber die Entscheidung getroffen ist, dann trägt er sie überzeugt nach „unten" weiter.
- Er fühlt sich sowohl als Teil der Führungsstruktur als auch als Teil der Vertriebsmannschaft.

Das Feedback seiner Mitarbeiter:

- Der ist für uns da.
- Der lässt sich nicht über den Tisch ziehen.
- Er ist hart, aber gerecht.
- Er setzt sich nach oben durch.
- Der ist kein Jasager.

Das Feedback seiner Vorgesetzten:

- Er setzt sich nach unten durch.
- Er hat seine Mannschaft im Griff.
- Mehr Härte wäre manchmal angebracht.
- Er hat im Unternehmen eine große Zukunft.
- Seine Ergebnisse können sich sehen lassen.

Sicher haben Sie beim Lesen dieser Aufstellungen einige Ihrer Verhaltensweisen wiederentdeckt, auch wenn sie in diesen Gruppenarbeiten sehr polarisiert dargestellt sind.

Die Orientierung zur Mitte ist natürlich das, was Führungskräfte anstreben müssen, wenn sie im Unternehmen auf längere Zeit Erfolg haben wollen. Alles Andere bringt vielleicht kurzfristig eine Erleichterung der emotionalen Situation, aber auf lange Sicht nehmen Mitarbeiter Führungskräfte, die ihnen immer nach dem Mund reden, nicht ernst. Umgekehrt schätzt die nächsthöhere Führungsebene vielleicht eine Zeit lang den braven Mitarbeiter, der zu allem „Ja" sagt. Wenn dann aber festgestellt werden muss, dass solche Vereinbarungen „an der Front" niemals umgesetzt werden, dann verlieren solche Führungskräfte auch bei der Unternehmensleitung schnell ihre Sympathien.

Der Weg zur erfolgreichen Führungskraft ist nicht leicht. Er ist von Enttäuschungen und Frustration begleitet. Umso schöner ist dann aber das Gefühl, wenn Sie mit Ihrer Mannschaft einen großen Schritt nach vorne gemacht haben. Direkte Führung ist Ihnen dabei eine große Hilfe. Die Mitarbeiter merken schnell, das Sie für sie da sind und Forderungen stellen, sie aber auch ganz konkret unterstützen. Ihre nächste Führungsebene wird Sie auf diesem Weg ebenfalls unterstützen, weil es der einzige Weg ist, Ihre Umsatzziele zu erreichen.

8. Rollenspiel: Diskussion mit dem Vorstand

Im Zusammenhang mit dem Thema Rolle in Unternehmungen möchte ich Ihnen zeigen, dass alle Rollen in uns enthalten sind. Wir schaffen es auch ziemlich schnell, andere Rollen einzunehmen und reagieren dann genau so, wie wir es an anderen Rollenträgern gern kritisieren. Aufschlussreich ist das folgende Rollenspiel.

Einige Personen (die Anzahl ist variabel und sollte etwa der Hälfte der Gesamtgruppe entsprechen) aus dem Teilnehmerkreis werden gebeten, sich mit ihren Sesseln in die Mitte eines Kreises zu setzen. Dann bekommt jeder ein Schild vor sich, auf dem seine Rolle festgeschrieben ist. Es gibt einen Vorstand, einen Vertriebsleiter, regionale Führungskräfte, Verkäufer und einen Betriebsrat.

Wenn alle ihren Platz gefunden haben, wird der Auftrag von einem vorbereiteten Flipchart abgelesen:

> „Der Vorstand hat Sie eingeladen, mit ihm über die aktuellen Vertriebszahlen zu diskutieren. Bringen Sie Ihre Meinung ein. Es geht um eine lebendige Diskussion, ein Ergebnis muss nicht erzielt werden."

Danach entsteht eine kurze Schweigephase. Was dann passiert, können Sie sich sicher vorstellen. Wer auch immer in diesem Rollenspiel den Vorstand spielt, spricht natürlich die einführenden Worte. Die anderen Teilnehmer erwarten das vom Vorstand, und er erfüllt diese Erwartung.

Die zweite Wortmeldung kommt meist vom Vertriebsleiter, der sich aufgefordert fühlt, den Vorstand zu beruhigen, dass alles unter Kontrolle sei. Weiter geht es dann mit Wortmeldungen der „vorlauten“ Verkäufer oder des Betriebsrats. Die anderen Führungskräfte melden sich immer erst am Schluss zu Wort.

Spannend wird die Diskussion, wenn der Moderator einen Rollentausch vorschlägt, meist an markanten Punkten. Wenn irgendjemand einen Anderen angegriffen hat, darf er gleich selbst die Rolle des Angegriffenen einnehmen und den Angriff parieren. In einer meiner Seminargruppen hat sich wörtlich Folgendes abgespielt:

1. Szene:

Vorstand (an Verkaufsleiter):	„Ich beobachte diese Entwicklung jetzt schon sehr lange. Bisher bin ich immer nur vertröstet worden. Wann gibt es endlich Ergebnisse?“
Rollentausch: Vorstand ist jetzt Verkaufsleiter	
Verkaufsleiter:	„Sie haben Recht, Herr Vorstand, dass sich die Sache schon sehr lange zieht. Wir haben jetzt eine Offensive gestartet und erwarten uns spätestens in den nächsten beiden Wochen Ergebnisse.“

2. Szene:

Betriebsrat an Vorstand:	„Ich höre immer wieder nur von neuen Offensiven. Das heißt doch nur, dass die Mitarbeiter immer noch mehr ausgebeutet werden."
Rollentausch: Betriebsrat ist jetzt Vorstand	
Vorstand:	„Ich verstehe Sie, Herr Betriebsrat. Es ist auch gut, wenn Sie sich für die Mitarbeiter einsetzen. Leider ist die Produktion in unserem Haus je Mitarbeiter aber deutlich unter dem Schnitt der Branche."

3. Szene:

Verkäufer an Führungskraft:	„Wir haben Ihnen doch schon so oft gesagt, dass dieses Produkt in unserer Region nicht zu verkaufen ist. Haben Sie das nicht weitergegeben?"
Rollentausch: Verkäufer ist jetzt Führungskraft	
Führungskraft:	„Ja, das Produkt konnten wir bisher nicht so gut verkaufen. Wir haben uns aber von Anfang an nicht so sehr damit beschäftigt. Vielleicht sollten wir einmal überlegen, welche Argumente und Zielgruppen es für dieses Produkt gibt?"

Nach dem Rollentausch gab es in der Gruppe herzhaftes Lachen. Es war wirklich verblüffend anzusehen, wenn sich die Personen aus der anderen Rolle heraus selbst Antworten auf ihre bissigen Angriffe geben mussten. Aber sie haben es immer ganz ausgezeichnet gemacht.

Folgende Schlussfolgerungen lassen sich aus diesem Rollenspiel ziehen:

- Wir tragen alle Rollen in uns und sind blitzartig in der Lage, eine andere Rolle einzunehmen.
- Wir haben eine bestimmte Vorstellung davon, wie sich ein Rollenträger zu verhalten hat. Auch wenn wir dieses Verhalten gerne kritisieren, agieren wir genauso, wenn wir selbst die Rolle innehaben.

Durch unser Verhalten anderen Rollenträgern gegenüber tragen wir dazu bei, Über- und Unterordnungen bestimmter Rollen im Verhältnis zueinander so zu erhalten, wie sie sind.

Wir haben eine bestimmte Vorstellung davon, wie jemand eine Rolle wahrzunehmen hat. Der Sinn in der Rolle „Führungskraft" kann nur im direkten Führen von Verkäufern liegen. Wir wissen das, lassen uns aber sehr schnell von diesem einzig richtigen Weg abbringen, weil er mit viel harter Arbeit und Konflikten mit anderen Menschen zu tun hat. Und das ist unbequem. Auch wenn Sie damit bei den Verkäufern vorerst Widerstände ernten, weil direkte Führung natürlich auch für die Geführten Arbeit nach sich zieht, wird Ihnen der Verkaufserfolg doch langfristig Recht geben.

Direkt führen: Die Praxis

1. Analyse der individuellen Unternehmenssituation: Was führt zum Erfolg?

Direkte Führung wurde bereits beschrieben als Herausforderung, möglichst nahe am Verkäufer Führungs- und Entwicklungsarbeit zu leisten. Unter direkter Führung verstehen wir demnach alle Aktivitäten einer Führungskraft, von denen der Mitarbeiter im Verkauf sofort und direkt profitiert. Dabei handelt es sich fast ausschließlich um die Unterstützung bei der Verbesserung von Verkaufstechniken. Vorbereitung, Durchführung und Nachbearbeitung von Verkaufsgesprächen müssen vom Verkäufer so „sauber" erledigt werden, dass ihm der langfristige Erfolg sicher ist und sich die Kunden in diesem Unternehmen gut betreut fühlen. Dass Sie als Führungskraft mit Ihrer auf diese Weise begleiteten Verkaufsmannschaft Ihre Umsatzziele locker erreichen werden, ist damit ebenso sichergestellt.

Grundlage für das richtige Handeln als Führungskraft bilden die richtige Einschätzung der Entwicklung der betreffenden Branche und das daraus abgeleitete Verkaufsgespräch. Es geht darum zu wissen, was zum Erfolg führt. Das ist von Branche zu Branche unterschiedlich. Wenn auch die Grundprinzipien erfolgreichen Verkaufs ähnlich sind, gibt es im Detail doch erhebliche Unterschiede. Die Frage lautet also: Was genau muss ein Verkäufer, gerade in dieser Branche, gerade zu diesem Zeitpunkt der Marktentwicklung alles tun, um die Chancen im Kundengespräch wirklich zu nutzen? Wenn Sie diese Frage für Ihre Vertriebsstruktur beantworten können und das entsprechende Verkaufsverhalten von Ihren Verkäufern immer wieder einfordern, dann sind Sie auf dem Weg zur direkten Führung.

Der erste Schritt, den Sie dabei gehen müssen, ist, sich mit den Rahmenbedingungen für langfristigen Verkaufserfolg mit Ihrer Mannschaft auseinander zu setzen. Dabei spielt die aktuelle Marktsituation eine ebenso große Rolle wie die Tendenzen im Verhalten der Käufer. Und die Einstellung Ihrer Mitarbeiter zum Beruf ist genauso wichtig wie eine professionelle Verkaufstechnik. Für alle Branchen gilt: Kunden bekommen fast nie das, was sie wirklich brauchen. Kaum ein Verkäufer stellt so lange Fragen, bis dem Kunden sein Kaufmotiv bewusst wird und er die entsprechende Befriedigung in Form eines genau passenden Produkts gefunden hat. Die richtigen Fragen zu stellen ist – quer durch alle Branchen – eine der wichtigsten Voraussetzungen für den Verkaufserfolg.

Bleiben wir bei der Analyse von Ausgangssituationen. Sehen wir uns im Folgenden die Analyse der Frage „Was führt zum Erfolg?" anhand eines Beispiels an:

Fallbeispiel Versicherung – Finanzdienstleistung

Der Versicherungsmarkt hat in den letzten Jahre einen starken Wandlungsprozess erfahren. Die Versicherungswirtschaft hat sich aus dem Sachversicherungsbereich heraus entwickelt. Zu Beginn gab es überhaupt nur Versicherungen gegen Feuer. Später hat sich dann der Versicherungsmarkt auf die Sachsparten wie Haus, Hof, Kraftfahrzeug usw. ausgedehnt. Der gegenwärtige Trend zur Personenvorsorge und Finanzdienstleistung hat erst in den letzten Jahren seine Wichtigkeit erlangt. Im Management von Versicherungen sind die Themen „Sparen" und „Vorsorgen" top aktuell. Die Sachsparten spielen zwar immer noch eine große Rolle, sind aber so sehr vom Preiskampf betroffen, dass man heute nur noch über die Personensparten Geld verdienen kann.

Versicherungen unternehmen enorme Anstrengungen, um ihren Mitarbeitern den Verkauf dieser Personensparten schmackhaft zu machen. In zahlreichen Verkaufsseminaren werden Produkte erklärt und Argumente vermittelt, der Erfolg bei der Umsetzung lässt aber in den meisten Fällen zu wünschen übrig. Gerade die großen Versicherungen am deutschsprachigen Markt klagen über den Umstand, wie schwer es ist, die Mitarbeiter zum Verkauf von Personenvorsorgen wie Altersvorsorge, Kranken- oder Unfallschutz zu bewegen. Warum ist das so?

Da die großen Versicherer mit den Sachgeschäften groß geworden sind, hat sich eine Verkäuferkultur herangebildet, die den Verkauf von Sachsparten zwar gewohnt ist, aber nicht weiß, wie man beim Kunden Personensparten platziert. Wenn ein Kunde anruft, weil er sein Auto anmelden will, und der Verkäufer erledigt das für den Kunden, dann erfolgt damit noch kein Verkauf. Ebenso verhält es sich mit der Schadensregulierung, die der Kunde aktiv vom Verkäufer einfordert.

Das Besondere im Bereich Personenvorsorge ist, dass die Kunden meist erst dann erkennen, dass sie das Produkt gebraucht hätten, wenn der (Schadens-)Fall eingetreten ist. Der Kunde ist im Ruhestand, der Kunde ist im Krankenhaus oder er hatte einen schweren Unfall. Dann ist es natürlich zu spät. Die Verantwortung des Verkäufers besteht also darin, den Kunden auf seine möglichen Risken anzusprechen. Das geht aber gerade bei den Personensparten nicht nur durch Produktpräsentation, sondern durch Fragen, die beim Kunden „Bilder" und damit Gefühle auslösen, aus denen ein Kaufmotiv entsteht.

Auf die Frage: „Was werden Sie im Ruhestand einmal tun?" wird bei den meisten Kunden eine Vielzahl von Bildern entstehen. Ebenso wird die Frage „Wie würde ein schwerer Unfall Ihr Leben verändern?" beim Kunden Betroffenheit auslösen.

Die Verkäufer großer Versicherungen haben meist einen größeren Bestand von Kunden, die Quote der Personensparten im Bestand ist aber fast immer unterrepräsentiert. In den seltensten

Fällen kommen Kunden von sich aus auf den Verkäufer zu, um eine private Rentenversicherung abzuschließen. Kommt aber ein Verkäufer auf uns zu und stellt uns jetzt die richtigen Fragen, dann beginnt ein Prozess, Bilder und Kaufmotive entstehen. Unsere Kunden schließen ihre Rentenversicherung natürlich irgendwo am Markt ab, in den nächsten Tagen, Wochen oder Monaten. Sie machen es bei uns, wenn wir darüber sprechen.

Wenn wir mit dem Kunden nicht über die Altersvorsorge sprechen, dann gibt es zwei Verlierer: den Kunden, dem im Ruhestand das Geld an allen Ecken und Enden fehlt, und den Verkäufer, dem es nicht gelang, beim Kunden das Kaufmotiv zu wecken und der dann natürlich auch keine Provision bekommt.

Das, was der Verkäufer tun muss, um zum Erfolg zu kommen, ist leicht erklärt. Er muss eine entsprechende Anzahl von Kundenkontakten organisieren. Da dies meist am Telefon geschieht, ist eine technisch saubere Terminvereinbarung notwendig. Am Point of Sale (im Kundengespräch) geht es darum, auf andere Sparten umzusteigen und damit neue Kaufmotive für den Kunden zu schaffen. Die Krönung am Schluss des Gesprächs ist die Empfehlung. Aber die wird der Kunde erst aussprechen, wenn er danach gefragt wurde.

Für Sie als Führungskraft ergibt sich daraus die Aufgabe sicherzustellen, dass Ihre Verkäufer über die unten aufgezählten Fähigkeiten verfügen. Wie Sie diese Fähigkeiten mit Ihrer Gruppe effizient trainieren können, werden wir uns später noch ansehen.

➤ Persönliche Barrieren (rote Linien) kennen und konstruktiv bearbeiten

Ohne dass sich der Verkäufer auf den Prozess der Eigenbeobachtung einlässt, gibt es keine Entwicklung auf dem Weg zum Profi im Verkauf. Meist sind es ähnliche Barrieren, die die Verkäufer von einer erfolgreichen Weiterentwicklung abhalten. Erfahrungsgemäß sind es vor allem drei rote Linien, an denen Verkäufer immer wieder scheitern:

- telefonische Terminvereinbarung
- Zusatzverkäufe ansprechen
- Empfehlungen einholen

Helfen Sie Ihren Verkäufern, ihre persönlichen roten Linien zu entdecken. Zeigen Sie ihnen Möglichkeiten, diese immer wieder zu überschreiten. Nur so gelingt es, langfristige Entwicklung voranzutreiben.

➤ **Kundenselektionen im Bestand durchführen**

Der Kundenbestand wird als Chance für die Akquise selten wirklich genutzt. Es gibt immer wieder Kunden, die in manchen Bereichen unterversorgt sind bzw. besonders gut zu bestimmten (neuen) Produkten passen. Eine regelmäßige Querauswertung hilft, die Kundenbeziehungen immer wieder zu aktualisieren.

➤ **Kundentermine am Telefon vereinbaren**

Der Verkäufer lebt von seiner Terminfrequenz. Jeder weiß das, und trotzdem wird die Terminvereinbarung am Telefon (wenn überhaupt) oft nachlässig durchgeführt. Verkäufer geben zu schnell auf und haben dann wieder nicht genügend Termine in ihrem Kalender stehen. Sorgen Sie dafür, dass regelmäßig und richtig telefoniert wird. Unterstützen Sie dabei durch arbeitstechnische Hilfsmittel.

➤ **Fragen stellen, um Kaufmotive zu schaffen**

Das ist sicher der Punkt, an dem Sie mit Ihren Verkäufern am meisten arbeiten müssen, wenn Sie sie auf dem Weg vom „Produktzusteller“ zum „Fragensteller“ begleiten wollen. Jeder weiß, dass der, der fragt, auch führt. Trotzdem fallen wir so gerne wieder in unsere gewohnten Verhaltensweisen, und dazu gehört das Präsentieren nun einmal viel eher als das Fragenstellen. Dann wundern wir uns, wenn es Stornos gibt, weil der Kunde sich sein Produkt durch seine Antworten auf unsere geschickten Fragen nicht selbst „basteln“ konnte, sondern wir ihn mit unserer Präsentation wieder einmal überfahren haben. Fragen stellen ist die große Kunst im Verkauf. Das müssen Sie als Führungskraft mit Ihren Mitarbeitern immer wieder trainieren.

➤ Kundeneinwände konstruktiv beantworten

Einwände der Kunden werden immer wieder falsch als „Widerstand“ des Kunden interpretiert. Der Kunde „will nicht“, dabei teilt er uns nur seine Fragen, Probleme und Zweifel mit. An uns liegt es nun, diese Zweifel auszuräumen. Das setzt aber voraus, das wir im Vorhinein wissen, welche Art von Zweifeln unsere Kunden bewegen werden und wir uns dafür rechtzeitig passende Entkräftigungen überlegen. Der Verkäufer, der die Einwände seiner Kunden kennt und die entsprechenden Lösungen dafür ständig abrufbar hat, ist ein Profi im Verkauf. Sie als Führungskraft sind angehalten, diese Fähigkeit mit Ihren Mitarbeitern zu trainieren.

➤ Einstiegsfragen für Zusatzverkäufe beherrschen

Bei diesem Punkt geht es wieder um Verkaufstechnik. Verkäufer sind aufgefordert, sich für Zusatzprodukte oder Sparten einfache Einstiegsfragen zu überlegen und diese auch zu stellen. Ich empfehle Ihnen, bei einem Workshop mit Ihren Mitarbeitern Produkte und Zusatzprodukte aufzulisten und sich gemeinsam Fragen zu überlegen, wie man denn besonders elegant von der Altersvorsorge zur Unfallversicherung kommt oder vom Ski zum Skischuh bzw. von Markenschuh zum Pflegemittel. Finden Sie gemeinsam mit Ihren Mitarbeitern entsprechende Fragen und kontrollieren Sie deren Anwendung in der Praxis. Der Erfolg wird sich schnell einstellen.

➤ Nach Empfehlungen fragen können

Dieser Punkt sieht auf den ersten Blick nach Arbeitstechnik aus, ist aber eigentlich eine Frage der persönlichen Einstellung. „Herr Kunde, was glauben Sie, wer kann von diesem Produkt/

dieser Beratung noch profitieren?“ Ein einfacher Satz, der wohl jedem über die Lippen kommt, der ihn sagen will. Wir wollen aber nicht aufdringlich wirken, geben selbst auch keine Empfehlungen, wir kommen uns vor „wie ein Bettler“. Bleiben Sie mit Ihren Mitarbeitern konsequent an diesem Thema. Dulden Sie offensichtliche Ausreden Ihrer Mitarbeiter nicht. Verlangen Sie ganz einfach, dass eine Zeit lang danach gefragt wird. Sie werden sehen, wie schnell die Mitarbeiter die Angst davor verlieren, weil sie merken, dass nichts passieren kann. Entweder gibt der Kunde eine Empfehlung oder eben nicht. Wenn er keine Empfehlung gibt, wird man das ernst nehmen und ihn nicht weiter quälen. Wer aber gar nicht erst fragt, hätte einen neuen Namen unter Umständen nicht bekommen. So einfach ist das.

Direkte Führung passiert da, wo Sie mit Ihren Verkäufern genau diese Punkte trainieren und entsprechende Handlungen begleiten. Wie Sie das tun können, werden wir uns noch ansehen. Sie lassen Ausreden nicht zu, zeigen aber auch sehr konkrete Wege auf. Das ständige Üben dieser grundlegenden Themen des Verkaufs wird Sie mit Ihrer Mannschaft sofort einen großen Schritt nach vorne bringen.

➤ Alle Sparten und Branchen – was führt zum Erfolg?

Die oben aufgeführten Punkte lassen sich auf alle Bereiche, in denen verkauft wird, übertragen. Das Erforschen von Kundenmotiven durch gezielte Fragen ist der Kern des Verkaufsgesprächs. Kundenmotive und Ware müssen eng zusammenpassen, wenn der Kunde an dem eben erworbenen Gegenstand langfristig seine Freude haben soll.

Wenn der Kunde eine Digitalkamera kauft, dann hat er sich wahrscheinlich bereits vorher über die Produktpalette informiert. Was aber zu ihm passt, das erfährt er erst durch den Verkäufer, der hoffentlich nicht mit Produkten beginnt, sondern mit Fragen.

Zusatzverkauf ist ein Thema, das von den Verkäufern eher halbherzig angegangen wird. Zu Hause ärgern wir uns dann, weil da noch etwas gewesen wäre, was uns das Leben mit diesem neuen „Ding“ erleichtert hätte. Doch leider hat uns niemand darauf hingewiesen.

Die roten Linien der Verkäufer sehen quer durch alle Branchen sehr ähnlich aus, ebenso die Ausreden, die wir zu hören bekommen, wenn die rote Linie nicht überschritten worden ist. Als Führungskraft sind Sie aufgefordert, Verhaltensweisen und Techniken herauszufinden, die gerade in Ihrer Branche ein Garant für den Verkaufserfolg sind. Dann muss mit den Mitarbeitern über diesen gemeinsamen Weg zum Wohle aller Beteiligten Einvernehmen hergestellt werden. Das ist Ihre Führungsaufgabe und zugleich die Garantie dafür, dass Sie Ihre Umsatzziele erreichen.

2. Zielgespräche begleiten

Das Mitarbeitergespräch hat schon viele Namen gehabt. Momentan ist die Bezeichnung „Coaching-Gespräch" am geläufigsten. Dabei ist es gleichgültig, wie es benannt wird, solange die „private Atmosphäre" dieses Gesprächs nicht der Anlass ist, Sachverhalte wieder nicht direkt anzusprechen bzw. Vereinbarungen wieder nicht klar genug zu treffen. Die Bezeichnung *Zielgespräch* stellt eine Verbindung zur direkten Führung her. Unter dem Ziel werden dann sowohl quantitative als auch qualitative Ergebnisse besprochen und vereinbart.

Diese Gespräche sollten mit allen Mitarbeitern in regelmäßigen Abständen geführt werden. Der Abstand zwischen diesen Gesprächen wird mehrere Wochen betragen, damit genügend Zeit für die Umsetzung der vereinbarten Maßnahmen bleibt. Machen Sie die Abstände zwischen den Gesprächen aber auch nicht zu groß, weil Sie sonst wieder von vorn beginnen müssen. Je stärker der „Korrekturbedarf" ist, desto öfter werden Sie diese Gespräche führen.

Zur Vorbereitung auf dieses Gespräch beobachten Sie den betreffenden Mitarbeiter eine Zeit lang und notieren Ihre Eindrücke. Am besten entwickeln Sie diese Eindrücke „im Einsatz vor Ort", also in direkten Kundengesprächen, die Sie begleiten und beobachten.

Sie können sich natürlich auch ein Raster zurechtlegen, mit dessen Hilfe Sie standardisierte und mit anderen Mitarbeitern vergleichbare Ergebnisse erzeugen. Der qualitative Aspekt Ihrer Vorbereitung sollte aber nicht zu kurz kommen. Sie sollten sich ein klares Bild davon machen, was der betreffende Mitarbeiter schon gut beherrscht und wo seine Entwicklungspotenziale liegen.

	1	2	3	4	5
➽ Persönlichkeit	☐	☐	☐	☐	☐
➽ Einstellung / Einsatz	☐	☐	☐	☐	☐
➽ Verkaufserfolg	☐	☐	☐	☐	☐
➽ Verkaufswissen	☐	☐	☐	☐	☐
➽ Fachwissen	☐	☐	☐	☐	☐
➽ Arbeitstechnik	☐	☐	☐	☐	☐
➽ Umsetzung von Aktionen	☐	☐	☐	☐	☐
➽ Teamorientierung	☐	☐	☐	☐	☐

Beurteilungsblatt

Richten Sie Ihre Vorbereitung so aus, dass Sie im Gespräch möglichst schnell zu den „heiklen" Punkten gelangen können. Dabei darf natürlich die zwischenmenschliche Komponente nicht außer Acht gelassen werden. Um Missverständnissen vorzubeugen, möchte ich noch einmal deutlich machen: Direkte Führung „überrollt" nicht, sie nimmt Menschen ernst und geht grundsätzlich davon aus, dass Menschen sich entwickeln können. Direkte Führung wird aber sehr konkret, wenn es darum geht, Potenziale aufzuspüren, Maßnahmen zu vereinbaren und Ergebnisse zu kontrollieren.

Sie leiten mit allen Ihren Mitarbeitern einen gemeinsamen Prozess ein. Selten haben Sie die Gelegenheit, eine neu gegründete Verkaufsmannschaft zu übernehmen. Meist treffen Sie auf eine bestehende Vertriebseinheit, die es unter Berücksichtigung der Stärken und Schwächen der Einzelnen gemeinsam zu entwickeln gilt. Die Frage nach dem notwendigen Verkaufsverhalten für einen erfolgreichen Abschluss, gerade im Umfeld Ihrer Vertriebsmannschaft, verlangt nach einer umfassenden Analyse. Und nachdem Sie (hoffentlich) erfolgreich analysiert haben, ist Ihre

Kreativität nochmals gefordert. Jetzt geht es nämlich darum, Ihre gewonnenen Erkenntnisse auf möglichst wenige und genau beschreibbare Verhaltensweisen zu reduzieren, die Ihren Verkäufern Erfolg bringen. Geplante Entwicklung werden Sie aber nicht nur im Einzelgespräch erläutern. Oft ist es sinnvoll, die ganze Gruppe zu versammeln, wenn es zum Beispiel darum geht, Techniken zu trainieren. Dann arbeiten Sie in der Gruppe viel effizienter. Es betrifft ja alle und macht in der Gruppe zudem noch mehr Spaß.

Checkliste: Zielgespräche als Instrument der Mitarbeiterentwicklung

- Welches Verhalten der Mitarbeiter ist notwendig, um in diesem Job erfolgreich zu sein?

  ____

  ____

  ____

- Welche Stärken und Schwächen im Verhalten der einzelnen Mitarbeiter sind mir aufgefallen?

  ____

  ____

  ____

- Was werde ich konkret tun, um eine geplante Entwicklung zu ermöglichen?

  ____

  ____

  ____

Bei den Zielgesprächen gehen Sie also von einem Ist-Zustand aus, beschreiben gemeinsam einen Soll-Zustand und vereinbaren Maßnahmen, die die schrittweise Umsetzung des Soll-Zustands sicherstellen.

Die direkte Führungskraft ist der ständige Begleiter des Verkäufers auf seinem Weg zum Profi. Ständig wird gelobt und kritisiret, ausprobiert und verändert. Der Weg zum Profi im Verkauf ist ein kontinuierlicher Prozess, den Führungskräfte in den Zielgesprächen mitgestalten. Es geht dabei nicht um den „schnellen Erfolg" in einer Sparte, sondern um einen langfristigen Prozess der Entwicklung von Persönlichkeit und Technik. Sie werden immer wieder feststellen, dass Verkäufer versuchen, sich von dieser „Umklammerung" zu befreien. Bisher ging es auch immer so ... Bleiben Sie aber auf Ihrem Weg. Die Erfolge werden sich sehr bald einstellen, und die Zielgespräche werden von den Verkäufern rasch als Hilfe zur Selbsthilfe verstanden werden.

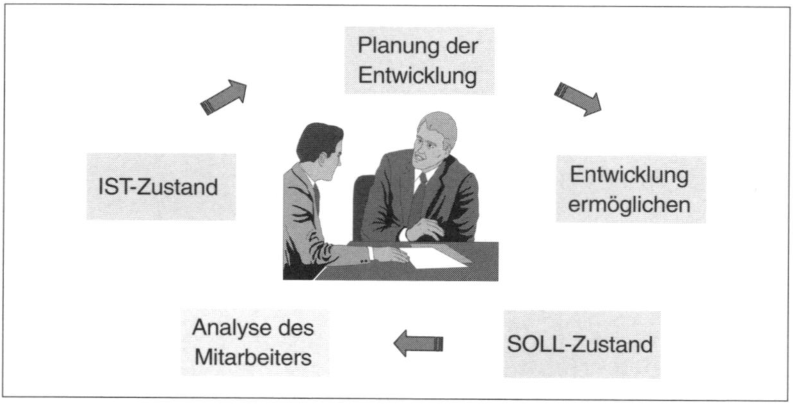

Der Erfolgskreis

Im Zielgespräch wird verkauft und gekauft. Sie sind der Verkäufer, Ihr Mitarbeiter ist der Kunde. Es geht genauso darum, Ihren Mitarbeiter zu bewegen, etwas zu kaufen, wie wir es von herkömmlichen Verkaufsgesprächen kennen. Es geht genauso darum, den Anderen durch gezielte Fragen zum Sprechen zu bringen, sodass er seine Motive und Potenziale selbst entdeckt. Als Führungskraft übernehmen Sie in diesem Fall die Rolle des „Katalysators“, der Entwicklung ermöglicht, indem er die richtigen Fragen stellt. Wichtig ist, dass Sie ein solches Gespräch „sauber“ bis zum Ende durchhalten. Erst wenn die Einsicht des Mitarbeiters erreicht wurde, wenn konkrete Vereinbarungen getroffen worden sind, ist dieses Gespräch beendet. Nehmen Sie sich vor dem Gespräch ein Formblatt zur Hand, und schreiben Sie wesentliche Punkte, die Sie in diesem Gespräch auf jeden Fall ansprechen werden, nieder. Auf den folgenden Seiten finden Sie solche Vorbereitungsbögen.

Zielgespräch (Beispiel Versicherung)

Was weiß ich über den Mitarbeiter?

Herr M. ist ein junger Mann. Er ist seit zwei Jahren im Geschäft und kennt sich bei Sachversicherungen schon sehr gut aus. Die Produktion in den Personensparten bleibt aber hinter seinen Möglichkeiten zurück. Er könnte mit ein bisschen mehr Einsatz wesentlich mehr produzieren.

Herr M. hat viele Hobbys, ich habe das Gefühl, dass er seinen Job noch nicht ernst genug nimmt.

Was will ich erreichen?

Ich möchte mit Herrn M. erreichen, dass er Potenziale in seinem Beruf erkennt und sie nutzt. Dabei wird es vorerst darum gehen, die Felder „Beruf“ und „Freizeit“ besser zu koordinieren. Wahrscheinlich gibt es Überschneidungen, die Herr M. besser nutzen könnte.

Darüber hinaus werde ich auf jeden Fall die unterdurchschnittliche Quote bei den Personensparten ansprechen. Ich möchte herausfinden, wie er Personensparten anspricht und warum er dabei nicht mehr Erfolg hat. Dann wird es darum gehen, eine gemeinsame Lösung zu suchen und zu finden.

Erreichen will ich auch, dass Herr M. sich nicht wieder in Ausreden verliert, sondern bereit ist, seine Arbeitsweise gemeinsam mit mir konstruktiv anzusehen.

Welche W-Fragen werde ich stellen?

- Wie genau sieht Ihr Wochenplan aus?
- Wie viele Verkaufstermine pro Woche haben Sie im Durchschnitt?
- Wie erreichen Sie Ihren Erfolg in den Sachsparten?
- In wie viel Prozent der Verkaufsgespräche sprechen Sie die Personensparten an?
- Mit welchen Formulierungen sprechen Sie Personensparten an?
- Wie reagieren Ihre Kunden darauf?
- Welche Einwände werden vorgebracht?
- Wie gehen Sie damit um?
- Wie können wir gemeinsam den Erfolg in den Personensparten verbessern?
- Welche Aktion fällt Ihnen dazu ein?
- Wie gehen wir das nun an?

Zielgespräch (Beispiel Immobilien)

Was weiß ich über den Mitarbeiter?

Frau V. ist seit einem halben Jahr in unserem Unternehmen. Sie hat sich sehr schnell in ihren Job eingefügt. Man merkt, dass ihr das Verkaufen Spaß macht. Frau V. hat im Vergleich mit den anderen Immobilienberatern mehr Besichtigungstermine, aber weniger Abschlüsse. Am Fleiß kann es also nicht liegen. Es kann sein, dass Ihre Abschlussstärke noch nicht sehr ausgeprägt ist. Vielleicht „filtert" sie die Kundenwünsche auch zu wenig exakt, bevor sie Termine vereinbart. Frau V. muss natürlich ihre fachliche Qualifikation noch verbessern. Ich werde sie für einen entsprechenden Kurs anmelden.

Was will ich erreichen?

Ich möchte Frau V. sagen, dass ich mit ihr sehr zufrieden bin. Die Umsätze sind für eine neue Mitarbeiterin schon ganz beachtlich. Jetzt geht es darum, eine gemeinsame Standortbestimmung durchzuführen.

Ich will darüber hinaus klären, nach welchen Kriterien sie Kunden für eine Besichtigung selektiert und wie sie sich in der Abschlussphase verhält. Außerdem möchte ich ihr anbieten, mit Herrn S., unserem erfahrensten Berater, ein paar Verkaufsgespräche gemeinsam durchzuführen. Schließlich möchte ich sie für den Fachkurs gewinnen, der zum Teil am Wochenende durchgeführt wird.

Welche W-Fragen werde ich stellen?

- Wie gefällt es Ihnen bisher in diesem Job?
- Was trifft Ihre Erwartungen, was haben Sie sich anders vorgestellt?
- Wie sind Sie mit Ihren bisherigen Ergebnissen zufrieden?
- Wie genau läuft der Erstkontakt am Telefon?
- Welche Fragen stellen Sie?
- Nach welchen Kriterien entscheiden Sie, ob sich ein Besichtigungstermin lohnen wird?
- Welche Fragen stellen Sie bei der Besichtigung?
- Wie leiten Sie den Abschluss ein?
- Welche Einwände der Kunden gibt es?
- Wie gehen Sie damit um?
- Wie stellen Sie die Frage nach der Empfehlung?
- Wollen Sie mit Herrn S. ein paar Verkaufstermine gemeinsam durchführen?
- Was halten Sie von einer fundierten Fachausbildung?

Zielgespräch (Beispiel EDV-Großmarkt)

Was weiß ich über den Mitarbeiter?

Herr A. ist schon lange in diesem Unternehmen tätig. Er gehört fast schon zum „Inventar“. Aufgrund seiner langjährigen Verkaufserfahrung ist er im Umgang mit Kunden routiniert. Im Gespräch neigt er allerdings dazu, zu viel zu präsentieren und zu wenig Fragen zu stellen. Man hat als Beobachter immer das Gefühl, dass er den Kunden sein – in der Tat umfangreiches – Fachwissen ständig präsentieren will. Das passt manchmal ganz gut, oft fühlen sich die Kunden aber auch überfordert und verlieren dann den Überblick.

Was will ich erreichen?

Ich möchte, dass Herr A. einsieht, wie wichtig es ist, dem Kunden Fragen zu stellen, damit das Kaufmotiv deutlich wird. Ich will mit ihm gemeinsam Fragen überlegen und die Motivforschung im Rollenspiel üben. Ich möchte Herrn A. dafür gewinnen, diese neuen Methoden auszuprobieren. Außerdem möchte ich es nicht versäumen, ihm wieder einmal zu sagen, wie wertvoll er als erfahrener Verkäufer für diese Filiale ist.

Welche W-Fragen werde ich stellen?

- Wie lange arbeiten Sie jetzt eigentlich schon in diesem Job?
- Was gefällt Ihnen, was gefällt Ihnen nicht so gut?
- Was, glauben Sie, machen Sie als Verkäufer besonders gut?
- Was könnte man an Ihrem Verkaufsgespräch verbessern?
- Was verstehen Sie unter Motivforschung?
- Welche Fragen passen in diesem Zusammenhang?
- Wie werden die Kunden darauf reagieren?
- Welchen Vorteil werden die Kunden haben, wenn Sie diese Fragen stellen?

Zielgespräch (Beispiel Sportartikel)

Was weiß ich über den Mitarbeiter?

Herr K. hat sich durch seine guten Verkaufsleistungen schnell zum „Coach“ für neue Mitarbeiter entwickelt. Er ist fleißig, immer präsent und hilfsbereit. Er führt die Auszubildenden in unserem Haus mit geschickter Hand. Aufgefallen ist mir aber, dass er ganz selten Zusatzverkauf betreibt, und dieses Beispiel wirkt sich auch schon auf die Auszubildenden aus.

Was will ich erreichen?

Ich möchte die Gelegenheit eines vertraulichen Gesprächs nutzen, um Herrn K. meine Wertschätzung zum Ausdruck zu bringen. Er soll wissen, wie sehr ich seine Verlässlichkeit und seine fürsorgliche Betreuung der Auszubildenden schätze. Ich werde ihm aber auch die Umsätze unserer Filiale im Vergleich mit anderen Filialen zeigen. Er wird sofort feststellen, das andere im Zusatzverkauf wesentlich stärker sind. Dieses Thema werde ich mit ihm ausführlich besprechen. Ich möchte Lösungen erarbeiten, in deren Umsetzung auch die Auszubildenden einbezogen werden.

Welche W-Fragen werde ich stellen?

- Wie geht es Ihnen mit Ihrer Arbeit?
- Was tun Sie besonders gerne?
- Wie schätzen Sie das Verkaufspotenzial unserer Auszubildenden ein?
- Was konkret tun Sie zur Förderung dieses Potenzials?
- Was glauben Sie, wie gut in unserer Filiale Zusatzprodukte verkauft werden?
- Was sagen Sie zu dieser Statistik?
- Wie können wir in diesem Segment stärker werden?
- Welche Zusatzprodukte sollten auf jeden Fall angeboten werden?
- Welche Fragen können wir dazu stellen?
- Wie können wir uns zu diesem Thema konkret weiterentwickeln?

An den vorhergehenden Beispielen sehen Sie, wie detailliert Ihre Vorbereitung auf Zielgespräche sein sollte. Es soll ja möglichst viel dabei herauskommen. Bei der Beschäftigung mit der Ausgangssituation wird das Bild des Mitarbeiters, das bisher nur undeutlich war, klar und greifbar. Wir erkennen Stärken und Schwächen, wir bereiten uns darauf vor, darüber zu sprechen, gemeinsam zu analysieren und Lösungen zu finden.

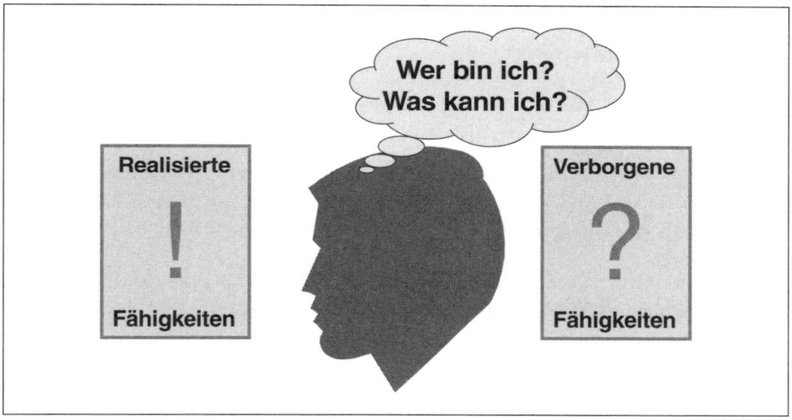

Analyse des Mitarbeiters

Natürlich ist es wichtig, im Führungsgespräch auch über realisierte Fähigkeiten zu reden, also über das, was der Mitarbeiter bereits gut beherrscht. Ein positives Feedback kommt den meisten Führungskräften viel zu selten über die Lippen. Es ist aber eine große Chance, auf einfache Art und Weise zu motivieren und den Level eines Mitarbeiters hoch zu halten. Der Schwerpunkt im Führungsgespräch wird sich aber mit den verborgenen Fähigkeiten beschäftigen müssen, denn Sie wollen Ihrem Mitarbeiter schließlich helfen, sich zu entwickeln.

Verborgene Fähigkeiten können durch einen kleinen Auslöser oft schnell ans Licht gebracht werden. Oft sind es ja nur kleine Veränderungen oder Ergänzungen in der Arbeitstechnik, und der Mitarbeiter fährt plötzlich schon ganz andere Verkaufserfolge ein. Wer verkaufen kann, kann auch leicht auf andere Sparten umsteigen und den Zusatzverkauf einleiten. Man muss ihn nur darauf hinweisen und ihm vielleicht auch zeigen, mit welchen Worten das geht. Wer will, kann beim Kunden nach Empfehlungen fragen, und für alle, die im Außendienst arbeiten, wird sich das Problem mit der Terminfrequenz damit schlagartig lösen. Wer mit Kunden umgehen kann, der lernt auch schnell, selbst weniger zu präsentieren und mehr Fragen zu stellen, damit Kaufmotive entstehen.

Sie sehen, nicht immer sind großartige Veränderungsprozesse als Grundlage für einen größeren Verkaufserfolg von Nöten. Sehr oft sind es kleine Ergänzungen zu unserem Verkaufsverhalten, die aber immer wieder eingefordert werden müssen, sonst treten auch diese kleinen Veränderungen nicht ein.

Sehen wir uns im Folgenden einige Kriterien an, die ein gutes Zielgespräch auszeichnen:

Das Ziel-Gespräch vorbereiten

- den Mitarbeiter informieren
- Unterlagen vorbereiten
- Themen, die auf jeden Fall angesprochen werden müssen
- das Gesprächsziel
- die Gesprächsstrategie
- Atmosphäre schaffen

Die gute Vorbereitung beginnt mit dem Ausfüllen eines Vorbereitungsblattes. Man beschäftigt sich dadurch im Vorhinein schon ganz konkret mit einem Mitarbeiter und ruft sich Erlebnisse ins Gedächtnis. Damit sind Sie schnell bei den Themen, die Sie unbedingt ansprechen wollen. Nehmen Sie sich für das Gespräch auf jeden Fall ein bestimmtes Ziel vor, und überlegen Sie sich Strategien, wie Sie das Ziel am besten erreichen können. Das wird je nach Persönlichkeit des Mitarbeiters höchst unterschiedlich sein. In einem Fall reicht wahrscheinlich ein konstruktives Feedback und eine anschließende gemeinsame Analyse, um Veränderungen zu erreichen. Bei anderen Mitarbeitern ist es unter Umständen weit schwieriger, an den Kern heranzukommen. Sie wollen sich schützen und halten sich bedeckt. In solchen Fällen werden Sie mit konkreten Aufträgen wahrscheinlich am besten fahren, weil Sie damit auf der Sachebene bleiben und nicht vom Mitarbeiter fordern, seinen Schutzwall aufzugeben.

Informieren Sie den Mitarbeiter rechtzeitig vor dem Gespräch, sagen Sie ihm, was Sie mit ihm besprechen wollen, und bitten Sie ihn, sich seine Gedanken darüber zu machen.

Nehmen Sie sich die Zeit, ausführlich mit Ihrem Mitarbeiter zu reden. Schaffen Sie eine angenehme, aber eindeutig arbeitsorientierte Atmosphäre.

Gute Gespräche entstehen, wenn konkrete Situationen besprochen werden, die beide Gesprächspartner erlebt haben und gemeinsam analysieren können. Dies schützt vor unzutreffenden Verallgemeinerungen.

Beispiele für konkrete Situationen:

- das gelungene Kundengespräch
- die durchgeführte Schwerpunkt-Aktion
- die getroffenen Vereinbarungen
- die aktuelle Entwicklung
- die Teambesprechung
- die Wirkung nach außen

Denn mit Verallgemeinerungen bringen Sie den Mitarbeiter schnell in die Rolle des „Verteidigers", und das Gespräch gerät ins Stocken. Ganz anders verhält es sich natürlich mit konkreten Situationen. Wenn Sie Ihren Mitarbeiter im Verkaufsgespräch erlebt haben und Ihren Kommentar dazu abgeben, wird er damit etwas anfangen können. Durch die Analyse gemeinsam erlebter Situationen helfen Sie Ihrem Mitarbeiter einen Schritt weiter auf dem Weg zum Profi im Verkauf.

Ihr Verhalten im Gespräch ist also mehr das des „Fragenstellers" und nicht so sehr das des „Präsentators". Wir haben das schon ausführlich dargestellt. Der Kunde des Verkäufers kann nur „gepackt" werden, wenn er gefragt wird, anstatt langen Präsentationen ausgesetzt zu sein. Genauso verhält es sich mit Ihrem Mitarbeiter. Solange Sie ihm etwas präsentieren (z. B. Umsatzzahlen) kann er sich zurücklehnen und seine Ohren auf „Durchzug" schalten. Sobald Sie ihm aber die erste Frage stellen, ist er gefordert mitzudenken, Beiträge zu liefern, Kommentare abzugeben, Lösungen vorzuschlagen. Was er selbst vorgeschlagen hat, wird er auch umso eher umsetzen. Versuchen Sie also, in die Rolle des Interviewers zu schlüpfen. Stellen Sie Fragen, und halten Sie Nachdenkpausen des Gegenübers aus, ohne weitere Fragen „nachzuschießen". Die beste Frage verliert ihre Wirkung, wenn man die darauf folgende Pause nicht aushält.

Die W-Fragen-Methode

- Welche schwierigen Situationen in Kundengesprächen erleben Sie immer wieder?
- Bei welchen Kunden tritt das Problem auf?
- Was sind Ihrer Meinung nach die Ursachen dafür?
- Welche Erklärung haben Sie dafür?
- Welche Reaktionen der Kunden bringen Sie in Bedrängnis?
- Was würde den Kunden in dieser Situation überzeugen?
- Welche Handlungsmöglichkeiten haben Sie in dieser Situation schon ausprobiert?

Die Kunst, die W-Fragen-Methode sauber anzuwenden, ist, eine Frage zu stellen, die Pause auszuhalten und aus der Antwort die nächste Frage zu formulieren. Es geht darum, Problemkerne herauszufiltern, wie im folgenden Beispiel demonstriert wird:

Führungskraft: „Welche schwierigen Situationen in Kundengesprächen erleben Sie immer wieder?"

Verkäufer: ... *Pause* ... „Da fällt mir jetzt eigentlich nichts ein."

Führungskraft: „Überlegen Sie doch noch einmal, was Ihnen bei Kundengesprächen immer wieder schwer fällt."

Verkäufer: ... *Pause* ... „Das klingt jetzt vielleicht komisch, aber der Abschluss fällt mir ziemlich oft schwer."

Führungskraft: „Wie meinen Sie das genau?"

Verkäufer:	„Ich habe schon oft erlebt, dass wir kurz vor dem Geschäftsabschluss standen und die Kunden es sich dann noch überlegen wollten.“
Führungskraft:	„Was genau sagen die Kunden in solchen Situationen?“
Verkäufer:	„Na, zum Beispiel: ‚Ich will es mir noch überlegen‘.“
Führungskraft:	„Und wie gehen Sie damit um?“
Verkäufer:	... *Pause* ... „Unterschiedlich. Eigentlich weiß ich nicht genau, wie man damit gut umgehen kann.“
Führungskraft:	„Wollen wir uns das genauer ansehen?“
Verkäufer:	„Ja.“

Die meisten Mitarbeiter sind dazu bereit, Zielgespräche zu führen, wenn sie ein Problem spüren. Sie erwarten sich hierdurch Hilfe bei der Klärung des Problems. Als Führungskraft ist es Ihre Pflicht, diese Hilfe von sich aus immer wieder anzubieten. Am Ende des Gesprächs muss eine konkrete Vereinbarung stehen, die klar zum Ausdruck bringt, welche Entwicklungsschritte vereinbart worden sind.

So vereinbaren Sie konkrete Ziele

- jeden Montag von ... bis ... telefonische Terminvereinbarung
- in jedem Verkaufsgespräch mindestens zwei Sparten ansprechen
- in jedem Verkaufsgespräch die Empfehlung ansprechen
- die Einwände des Kunden nach dem Gespräch aufschreiben
- eine Schwerpunkt-Aktion

Es empfiehlt sich, diese Entwicklungsschritte auch schriftlich festzuhalten, und – um der Ernsthaftigkeit Ausdruck zu verleihen – auch unterschreiben zu lassen.

Wenn Sie Ihre Vertriebsmannschaft eine Zeit lang geführt haben, können Sie anhand der Aufzeichnungen der Zielgespräche konkrete Entwicklungen von Mitarbeitern nachvollziehen. In vielen Fällen werden Sie mit Freude feststellen, wie sehr sich Ihre Mitarbeiter entwickelt haben. Natürlich ist das noch kein Grund, die Zügel locker zu lassen.

Ein wichtiger Punkt im Zusammenhang mit Zielgesprächen ist die Einwandbehandlung. Menschen (egal ob Verkäufer oder Kunden) sind gerade dabei, sich überzeugen zu lassen. Das Kaufmotiv ist aber noch nicht deutlich spürbar, es gibt noch zu viele Fragen und Unsicherheiten. Als Führungskraft verlangen Sie von Ihren Verkäufern, dass sie mit Kundeneinwänden derart umgehen können, dass sie diese ernst nehmen und anschließend parieren. Ein derartiges Handeln setzt voraus, dass wir die Einwände der Kunden bereits im Voraus kennen und uns in einer ruhigen Minute entsprechende Antworten überlegen, die den Kunden überzeugen. Für das Zielgespräch gilt dasselbe. Natür-

Vereinbarte Ziele

Mitarbeiter: ____________ Führungskraft: ____________ Datum: ____________

Folgende konkrete Situationen wurden besprochen:

Folgende konkrete Vereinbarungen wurden getroffen:

Neuer Gesprächstermin am: ____________

Unterschrift Mitarbeiter: ____________ Führungskraft: ____________

Die schriftliche Vereinbarung

lich sind Sie als Führungskraft für die Mitarbeiter Ihres Gebiets und deren Entwicklung verantwortlich. Sie könnten auch anordnen, was passieren soll. Diese Methode birgt neben vielen anderen Nachteilen aber vor allem das Problem, dass Sie im Verkauf hoffentlich mit dynamischen Menschen arbeiten, die nicht blind gehorchen. In diesem Zusammenhang treten Sie als Führungskraft ständig als Verkäufer auf. Sie werden sich genauso überlegen, welche Fragen Sie stellen, um bei Ihren Mitarbeitern Kaufmotive zu erzeugen. Sie werden sich aber auch fragen, welche Einwände im Zielgespräch zu erwarten sind, und sich dafür entsprechende Lösungen zurechtlegen. Hier einige Lösungen für typische Einwände von Mitarbeitern im Zielgespräch:

➤ **„Habe keine Zeit!"**

„Dann sollten wir uns Ihren Terminplan einmal genauer ansehen ..."

➤ **„Das bringt mir nichts."**

„Ich verstehe Ihre Vorbehalte. Wenn ich Ihnen zeige, wie leicht Sie sich damit verbessern können, sind Sie dann interessiert?"

➤ **„Was geht, das mache ich ohnehin."**

„Ja, das stimmt. Darf ich Ihnen zeigen, wie Sie mit unwesentlich mehr Aufwand wesentlich mehr erreichen?"

➤ **„So, wie es ist, bin ich zufrieden."**

„Schade, dass Sie Ihre Fähigkeiten nicht besser nutzen wollen. Aber haben Sie auch etwas dagegen, wesentlich mehr zu verdienen?"

➤ **„Das kann ich nie erreichen."**

„Ich verstehe Ihre Vorbehalte. Aus diesem Grund habe ich mir für Sie einzelne Schritte überlegt, wie wir dieses Ziel erreichen. Sehen Sie sich das doch einmal an ..."

➤ **„Das wird so nicht funktionieren."**

„Wir können auch gerne Ihren Vorschlag diskutieren, aber wir brauchen eine Lösung. Also, was schlagen Sie vor?"

➤ **„Das habe ich schon versucht."**

„Gerade darüber, wie Sie das versucht haben, wollte ich mit Ihnen reden. Da entdecken wir sicher noch andere Möglichkeiten ..."

- **„Ich war nicht gut drauf."**

„Ja, das kann natürlich einmal passieren. Ich glaube aber, dass dieser Punkt ein generelles Thema in Ihrem Verkaufsverhalten ist, deshalb sollten wir da einmal genauer hinsehen ..."

- **„Die Konkurrenz hat bessere Produkte."**

„Ja, es gibt immer andere, die besser oder billiger sind. Gerade deswegen sollten wir am Markt durch die bessere Beratung auffallen. Welche Fragen an den Kunden fallen Ihnen zu diesem Produkt ein?"

- **„Ihr wollt immer mehr, wie soll das gehen?"**

„Das stimmt, der Markt wird aber auch immer größer. Wollen wir nun darüber reden, wie Sie das Jahresziel erreichen können?"

- **„Es gibt keine Unterstützung."**

„Oh, über diesen Punkt sollten wir sofort reden. Welche Unterstützung brauchen Sie denn?"

- **„Der Markt ist schwierig."**

„Ja, das stimmt. Deshalb muss unsere Einstellung und Arbeitstechnik umso ausgereifter sein."

- **„Dabei verdiene ich nichts."**

„Ja, aber Sie haben die Gelegenheit, den Kunden zu treffen, um über andere Produkte zu sprechen. Welche Umstiegsfragen fallen Ihnen zu unseren Produkten ein?"

- **„Ich habe keinen Termin bekommen."**

„Dann sollten wir uns die telefonische Terminvereinbarung genauer ansehen. Was war Ihr erster Satz?"

- **„Das Produkt beansprucht so viel Zeit."**

„Ja, der Beratungsbedarf für dieses Produkt ist groß. Trotzdem können wir uns gemeinsam überlegen, wie wir Zeit sparen können. Welche Fragen stellen denn die Kunden meistens zu diesem Produkt?"

- **„Ich kenne mich in diesem Produkt zu wenig aus."**

„Dann wird es aber dringend Zeit, Sie zu einer Produktschulung anzumelden. Sehen wir uns gleich gemeinsam Termine an ..."

- **„Mein Kundenbestand ist überaltert."**

„Welche Chance liegt in einem überalterten Kundenbestand?" (Empfehlungen zufriedener Kunden)

- **„Das geht nicht."**

„Dann sollten wir schleunigst gemeinsam einen Weg finden, wie es geht."

- **„Damit kann ich mich nicht identifizieren."**

„Was stört Sie dabei genau? Was sollten wir noch einmal besprechen?"

- **„Meine Kunden haben schon alles."**

„Gut, dass Sie mich darauf ansprechen. Ich habe hier eine Auswertung Ihrer Kundenstruktur. Es sieht gar nicht so aus, als ob alle schon alles haben. Aber sehen Sie selbst ..."

- **„Der Aufwand ist mir zu hoch."**

„Wenn Sie einen Weg wissen, wie wir das Ziel mit geringerem Aufwand erreichen, können wir gerne darüber reden ..."

➤ **„Was soll ich noch alles machen?"**

„Das ist aber eine Tätigkeit, die zu Ihrem Kerngeschäft gehört. Wenn Sie dafür keine Zeit haben, müssen wir uns Ihre Arbeitsabläufe einmal genauer ansehen ..."

➤ **„Ich bin erst kurz dabei!"**

„Ja, das stimmt, deswegen nehme ich mir auch ausreichend Zeit, um mit Ihnen diese Strategie zu besprechen."

➤ **„Ich habe meine Ziele schon erreicht."**

„Ja, Sie haben in diesem Jahr sehr gut gearbeitet. Was schätzen Sie, wie viel Sie noch erreichen können, wenn Sie dran bleiben? ... Wollen wir gemeinsam ausrechnen, was das für Ihr Einkommen bedeutet?"

3. Beispiele erfolgreicher Zielgespräche

Im Folgenden finden Sie Auszüge aus zwei Zielgesprächen, die zwischen Führungskraft und Mitarbeiter stattfanden. Kursivschrift kennzeichnet Bemerkungen und Erklärungen.

Gesprächsbeispiel 1

Wir befinden uns in der Filialdirektion eines großen Finanzdienstleisters. Die Führungskraft (Herr K.) ist ein erfahrener regionaler Manager. Er führt seit nunmehr fünf Jahren die Regionaldirektion, der Mitarbeiterstand hat sich konstant bei zirka zwölf Verkäufern gehalten. Herr K. erzählte mir vor dem Gespräch einiges über den Mitarbeiter. Es handelte sich um Herrn B., einen jungen Mann, der seit drei Jahren in seinem Team arbeitete. Die Ergebnisse des jungen Mannes waren an sich zufriedenstellend. Aber: „Herr B. ist ein Rohdiamant. Der könnte in nächster Zeit als Verkäufer so richtig explodieren. Vielleicht schaffen wir es mit diesem Gespräch."

Ich war zu diesem Zeitpunkt schon sehr gespannt auf den „Rohdiamanten". Zwei Minuten vor dem vereinbarten Zeitpunkt kam der junge Mann mit strahlendem Lächeln durch die Tür in unser Zimmer.

Ich erinnerte mich an meine Funktion als Verkaufsleiter, als wir zur Auswahl neuer Mitarbeiter Assessment-Center einführten. Natürlich gaben die durchgeführten Übungen über die Qualitäten des Bewerbers genügend Auskunft, der erste Eindruck war für mich aber immer der wichtigste. Ich stellte mir immer sofort die Frage, ob ich von diesem Mann oder dieser Frau etwas kaufen würde. Die Ergebnisse der Übungen im Laufe des Tages haben diesen Eindruck fast immer bestätigt. Es gibt ja keine zweite Chan-

ce für den ersten Eindruck. Der Kunde sieht den Verkäufer, und blitzschnell entstehen chemische Prozesse, die Gefühle wie Sympathie oder Antipathie auslösen.

Dieser junge Mann war mir sofort sympathisch. Er setzte sein breitestes Lächeln auf und nahm den angewiesenen Platz ein.

Herr K. erklärte meine Rolle als Beobachter der Situation. Herr B. hatte mit meiner Anwesenheit offensichtlich kein Problem. Schon konnte es losgehen. Als Zeitrahmen für dieses Gespräch wurde eine Stunde vereinbart.

Herr K. eröffnete das Gespräch mit der einfachen Frage an Herrn B., wie es ihm denn so gehe. Herr B. erzählte über einige Verkaufserlebnisse der letzten Wochen, im Speziellen über ein Verkaufsgespräch, das er gerade noch retten konnte, worauf er anscheinend sehr stolz war. Auch als Erzähler machte Herr B. einen sehr sympathischen Eindruck. Er wirkte konzentriert, lächelte oft freundlich und war sprachlich gewandt.

Herr K. brachte zum Ausdruck, dass er mit den Leistungen sehr zufrieden war. Er zeigte ihm eine Rangliste der „dreijährigen“ Verkäufer. Im Führungsgebiet von Herrn K. war Herr B. damit absolute Spitze. Auf Bundesebene reichte es in dieser Kategorie immerhin zum 22. Platz unter einhundert Neulingen vom ersten bis zum dritten Dienstjahr.

Sie, liebe Leser, haben jetzt bestimmt schon eine Vermutung, wie das Gespräch weitergehen wird. Ein guter, motivierter Mitarbeiter sieht „schwarz auf weiß“, dass seine Leistungen jetzt schon sehr gut sind, auch wenn er damit im Bundesgebiet noch nicht im absoluten Spitzenfeld liegt. Für die Top Ten war eine sehr schöne Reise in die Südsee ausgeschrieben. Bis Jahresende war noch genügend Zeit, die geforderten Leistungen zu erbringen. Es ging also im weiteren Verlauf des Gesprächs darum, Herrn B. „lange Zähne“ zu machen, damit er seine Potenziale noch besser nutzte. Außerdem musste natürlich vereinbart werden, welche Unterstützung er dabei vom Unternehmen erwarten konnte.

Herr K.: „Herr B., darf ich Ihnen etwas zeigen?"

Herr B.: „Ja gerne, was meinen Sie?"

Herr K. zieht den Prospekt mit der in Aussicht gestellten Reise aus der Tasche und überreicht ihn Herrn B., der den Prospekt in die Hand nimmt und sichtlich beeindruckt ist. Der Prospekt hatte seine Wirkung wohl nicht verfehlt.

Grundsätzlich kann man zur Durchführung von Wettbewerbsreisen geteilter Meinung sein. Natürlich sind diese Reisen immer eine Art von Bestechung, und der Mitarbeiter bringt mit diesem Anreiz eine Leistung, die zu erbringen er aber sowieso imstande gewesen wäre. Die Frage ist, ob Motivation nicht mehr auf der Schiene laufen soll, sich einfach deswegen anzustrengen, um sich zu entwickeln und damit den Spaß am Job zu vergrößern. Die Managementliteratur fokussiert gegenwärtig auf die Eigenverantwortung des Individuums und verpönt einen Ansporn durch Wettbewerb eher. Meiner Ansicht nach zählt das, was wirkt. Herrn B. in seiner Vorfreude auf die Wettbewerbsreise zu beobachten, war für mich ein echtes Vergnügen. Für diesen Mann war dieser Ansporn zu diesem Zeitpunkt genau richtig.

Herr B.: „Ja, das wäre wirklich eine interessante Sache. Da steht, dass man seine Frau auch mitnehmen kann. Stimmt das auch?"

Herr B. überlegt sicher schon, wie er die geforderte Leistung bringen kann. Darüber redet er aber vorerst nicht, sondern er bringt ein für ihn wichtiges Detail der Reise ins Gespräch. Für den Verkäufer in Ihnen müssten sofort alle Alarmglocken läuten, denn das ist ein sehr deutliches „Kaufsignal". Herr B. möchte mit seiner Frau in die Südsee. Nun zeigen Sie ihm ganz einfach, wie das geht.

Herr K.: „Ja, das stimmt. Ihre Frau können Sie gerne mitnehmen. Sie bezahlt nur die Flughafengebühren selbst."

Eine kurze Pause entsteht. Herr B. macht ein paar tiefe Atemzüge.

Herr B.: „Das ist alles ganz schön. Aber die Kriterien sind ja fast unverschämt hoch, vor allem in der Sparte X. Wie soll man das denn schaffen?"

Herr K.: „Und wenn wir einen Weg finden, wie Sie das schaffen können, steigen Sie dann voll ein?"

Herr B.: „Ja, was glauben denn Sie, wie ich das schaffen kann?"

Herr K. hat den Einwand brillant gekontert. Herr B. denkt schon nicht mehr darüber nach, ob er das schaffen kann, sondern stellt bereits die Frage, wie es machbar sein könnte. Damit ist er gedanklich fast schon beim Handeln. Sein Verhalten zeigt aber auch, dass er sich bisher mit seinen Leistungen zufrieden gab und von sich aus wohl noch nicht darüber nachgedacht hat, ganz nach oben zu streben. Das Zielgespräch kommt also genau zum richtigen Zeitpunkt. Wenn Herr B. seine Motivation aus der Vorstellung heraus gewinnt, seine Frau mit dieser schönen Reise zu überraschen, dann soll es recht sein. Die Langzeitwirkung der Veränderung im verkäuferischen Verhalten des Herrn B. wird dadurch nicht beeinflusst. Das neue verkäuferische Verhalten wird er so sehr verinnerlichen, dass der Erfolg weit über dieses Etappenziel „Reise" hinaus anhalten wird.

Herr K.: „Wenn wir uns gemeinsam Ihr Produktionsblatt ansehen, dann fällt sofort auf, dass Sie die Ziele in drei der fünf geforderten Sparten auch im letzten Jahr schon erreicht hätten. Im laufenden Jahr sind Sie so gut gestartet, dass wir uns um den Bereich der Kraftfahrzeugversicherung und anderer Sachversicherungen keine Sorgen machen müssen. Wir müssen Ihr

Produktionsproblem für die Sparten Renten- und Unfallversicherung lösen. Wie sehen Sie das?“

Auch Herr B. erkennt dieses Problem, wenn er sich auch später noch rechtfertigen wird. Das Problembewusstsein ist geschaffen und damit das Motiv, sich genauer mit den Angeboten des Vorgesetzten auseinander zu setzen.

Herr B.: „Es stimmt, ich habe mich auch bisher mehr für die Sachsparten engagiert. Sie wissen ja, dass ich ein leidenschaftlicher Autofahrer bin. Und eine Rechtsschutzversicherung verkauft man schnell einmal dazu. Hausratsversicherungen haben mir auch nie ein Problem bereitet. Es geht um Renten- und Unfallversicherungen. Ich habe zwar in diesen Sparten auch schon einiges produziert, aber es läuft irgendwie nur mit, da haben Sie Recht.“

Herr K.: „Mit welcher Sparte sollen wir denn anfangen?“

Herr B.: „Mit der Altersvorsorge.“

Herr K.: „Wie viele Kundenkontakte haben Sie am Tag?“

Herr B.: „Na ja, das hängt ganz davon ab. Autos anmelden, Schäden besichtigen, eigene Termine vereinbaren. So vier im Schnitt werden es schon sein.“

Herr K.: „Wenn wir von 200 Arbeitstagen ausgehen macht das 800 Kundenkontakte. Wie oft am Tag sprechen Sie die Altersvorsorge an?“

Herr B.: „Sicher zu wenig. Es ist meist auch wenig Zeit dafür.“

Herr K.: „Und wie sieht es mit der Unfallversicherung aus?“

Herr B.: „Ja, ganz ähnlich.“

Herr K.: „Also, worüber sollten wir uns jetzt unterhalten?“

Herr B.: „Na ja, wie es mir gelingt, diese beiden Sparten öfter anzusprechen."

Herr K.: „Ja, das sehe ich auch so."

Im Folgenden wird sehr ausführlich über Arbeitstechnik gesprochen. Es werden gemeinsam Situationen überlegt, bei denen es besonders gut passt, die geforderten Sparten anzusprechen. Auch die Fragetechnik zur Erzeugung des Kaufmotivs des Kunden wird trainiert sowie das Entkräften von Einwänden. Herr B. erhält entsprechende Unterlagen. Am Schluss wird das Gesprächsprotokoll ausgefüllt und unterschrieben.

Dieses Beispiel zeigt ein ausgezeichnetes Zielgespräch einer vorbildlichen Führungskraft. Das Ziel des Gesprächs, gemeinsam Potenziale zu entdecken und entsprechende Maßnahmen für die Umsetzung zu entwickeln, wurde eindeutig erreicht. Der Vorgesetzte lenkt dieses Zielgespräch sehr geschickt, ohne aber direktiv zu sein. Die guten Fragen lösen beim Verkäufer automatisch die richtigen Denkprozesse aus und lassen ihn die Lösungen in der Folge selbst vorschlagen. Das Zielgespräch ist sicher die wirksamste Maßnahme einer Führungskraft, direkt und unmittelbar zu unterstützen. Es bedarf aber einer genauern Vorbereitung und des Einhaltens von Regeln bei der Durchführung.

Gesprächsbeispiel 2

Herr W., Vertriebsmanager eines Erzeugers qualitativ hochwertiger Einfamilienhäuser, hat einen Termin mit dem Verkäufer Herrn A. vereinbart. Die Verkaufsleistung von Herrn A. war unterdurchschnittlich. Herr W. war mit den Ergebnissen nicht zufrieden und wollte das Gespräch nutzen, um die Ursachen herauszufinden. Wir hatten einen ruhigen Tisch in einer Nische eines Restaurants gewählt. Herr A. kam pünktlich.

Der erste Eindruck, den ich von Herrn A. gewann, war ein differenzierter. Herr A. war zwar ordentlich gekleidet und machte einen gepflegten Eindruck. Sein Gesichtsausdruck strahlte aber Unsicherheit aus, so, als ob er sagen wollte: Ich weiß, dass Sie mit meiner Leistung nicht zufrieden sind. Er wirkte bedrückt, man konnte aber vermuten, dass er ein sehr guter Verkäufer sein könnte, auch wenn ihn momentan offensichtlich irgendetwas sehr blockierte.

Herr W.: „Herr A., Sie wissen, dass wir heute ein Gespräch über Ihre Leistungen führen müssen. Sie können sich vorstellen, dass ich momentan nicht zufrieden bin. Ihre Umsätze im ersten Halbjahr liegen weit unter den Erwartungen. Wir erklären Sie sich das?“

Mein Eindruck war, dass Herr A. sehr erleichtert war, weil dieses Thema endlich klar angesprochen wurde und er Stellung beziehen konnte. Herr W. hatte mir erzählt, dass bezüglich seines Führungsverhaltens gegenüber Herrn A. im letzten halben Jahr von direkter Führung nicht die Rede sein konnte. Er nahm sich einfach zu wenig Zeit dafür. Schnell entsteht so ein Konflikt zwischen einem Vorgesetzten und einem Mitarbeiter. Der Mitarbeiter weiß natürlich, dass er seine Ziele nicht erreicht, und wartet darauf, dass der Vorgesetzte mit ihm darüber spricht. Dabei genügen nicht ein paar Sätze zwischen Tür und Angel, sondern nur ein ausführliches Gespräch, in dem Zeit für Analyse und Maßnahmen bleibt. Geschieht das nicht rechtzeitig, wird der Mitarbeiter versuchen, seinem Chef auszuweichen, und das Verhältnis verschlechtert sich noch mehr. Wer direkt führt, lässt es gar nicht so weit kommen.

Herr A.: „Ich kann es nicht genau sagen. Die Umsatzziele für dieses Jahr waren wohl doch ein bisschen hoch.“

Herr W.: „Wir haben die Ziele gemeinsam vereinbart, und die Steigerung Ihrer persönlichen Ziele entspricht durchaus dem Wachstum des Marktes. Es muss also andere Gründe geben ...“

Herr A.: „Ich weiß nicht, ich arbeite so, wie im vorigen Jahr auch."

Herr W.: „Wie viele Verkaufsgespräche haben Sie im Schnitt pro Woche?"

Herr A.: „Sie wissen ja, dass immer wieder viele Kunden unser Musterhaus besichtigen. Ich versuche natürlich, die Kunden in ein Gespräch zu verwickeln und nach Möglichkeit einen Beratungstermin zu vereinbaren ... In der Woche finden *(blättert im Kalender)* so an die zehn echte Beratungsgespräche statt. Ich weiß, dass es noch mehr sein könnten."

Herr W.: „Wenn Sie wirklich jede Woche mit zehn Neukunden ein Verkaufsgespräch führen, dann bin ich mit Ihrer Frequenz zufrieden. Dann hätten Sie in diesem Jahr ja schon zirka 200 Verkaufsgespräche gehabt. Wenn ich mir aber die Ergebnisliste ansehe, stelle ich fest, dass Sie deutlich unter den Stückzahlen des Vorjahres liegen. Da stimmt doch etwas nicht!"

Ich hatte den Eindruck, dass Herr A. mit offenen Karten spielte. Er hatte seinen Kalender offen auf dem Tisch liegen. Die Termine waren sehr genau eingetragen. Das Problem von Herr A. lag wohl wirklich nicht in der Terminfrequenz, sondern im Resultat.

Herr A.: „Ich arbeite ähnlich wie im Vorjahr, aber Sie wissen ja, dass die Firma X mit extrem günstigen Angeboten in meinem Verkaufsgebiet präsent ist. In meinen Verkaufsgesprächen ist der Preis sehr oft ein Thema. Überall muss gespart werden, und die Kunden wollen eben auch beim Eigenheim sparen."

Herr W.: „Wie kommen Sie zu Ihren Beratungsgesprächen?"

Herr A.: „Das ist eigentlich unproblematisch. Die Kunden besuchen unser Musterhaus, und ich spreche sie an."

Herr W.: „Ja, und was sagen Sie genau?"

Herr A.: „Ich sage, wer ich bin, und dass ich sie in einem persönlichen Gespräch von den Vorteilen der Kooperation mit uns überzeugen will."

Herr W.: „Und bekommen Sie dann einen Termin?"

Herr A.: „In der Regel schon. Das ist nicht das Problem."

Herr W. stellte sehr gute Fragen, die sich rund um mögliche Erklärungen für den Umsatzeinbruch seines Mitarbeiters aufdrängten. Er hatte auch noch andere Bereiche abgecheckt. Die Analyse war gut gelungen, wichtig war jetzt, dass Herr A. daraus für sich selbst den Problemkern definierte.

Herr W.: „Na ja, jetzt haben wir uns einige Punkte genauer angesehen. Können Sie jetzt aus Ihrer Sicht beschreiben, was der Grund für Ihr momentanes Problem ist?"

Herr A.: „Es liegt wohl an den Preisen."

Herr W.: „Können Sie das so formulieren, dass wir damit etwas anfangen können?"

Das war die beste Frage des gesamten Gesprächs. Herr W. lässt Herrn A. einfach nicht entkommen. Wie oft neigen wir dazu, uns mit Ausreden zufrieden zu geben. Nur: Damit ist keinem geholfen. Als Vorgesetzter müssen Sie so lange am Ball bleiben, bis das Problem klar definiert ist.

Herr A.: „Okay, *(lächelt)* es gelingt mir nicht, den Preis so zu argumentieren, dass der Kunde ihn als gerechtfertigt anerkennt und kauft."

Das Problem war definiert, nun ging es darum, Lösungen zu entwickeln. Zwei Problemzonen wurden herausgefiltert:

1. Die Argumentation des Preises

Bei Durchsicht der Prospekte stellte ich fest, dass die Firma – soweit ich das als Laie beurteilen konnte, durchaus in einem vertretbaren Preissegment agierte. Es gab eine Reihe von Zusatzleistungen, die bei anderen Firmen nicht enthalten waren. Der Preis lag vielleicht um zehn Prozent über dem Marktdurchschnitt, war aber durch die Qualität mehr als gerechtfertigt. Wir überlegten nun, wie wir das dem Kunden klarmachen könnten, ohne ständig etwas präsentieren zu müssen. Eine Lösungsmöglichkeit fanden wir in Fragen, die sich auf die wichtigsten Produktvorteile bezogen.

- „Wie wichtig ist Ihnen, dass Sie das gesamte Haus, vom Keller bis zum Dach, aus einer Hand erhalten?“
- „Wie wichtig ist Ihnen, dass Ihr Partner in der Region angesiedelt ist und damit schnell vor Ort sein kann, wenn etwas passiert?“
- „Wie wichtig ist Ihnen eine absolute Garantie, dass Sie zum vereinbarten Zeitpunkt einziehen können?“
- „Wie wichtig ist Ihnen, dass wir den einmal vereinbarten Preis wirklich einhalten?“
- „Wissen Sie, dass nur wir die komplette Heizanlage in unseren Preis bereits eingerechnet haben?“

Herr A. nahm sich vor, genau diese Fragen einzusetzen und über seine Erfahrungen damit im nächsten Zielgespräch zu berichten.

2. Abschlussstärke

Herr A. berichtete, dass er immer wieder das Gefühl hatte, nah am Abschluss zu sein. Aber die Kunden wollten es sich noch überlegen, wollten noch andere Offerten einholen oder würden sich wieder melden. Zu oft ist dann nichts weiter passiert.

Damit wird das klassische Kriterium beschrieben, das die guten von den weniger guten Verkäufern unterscheidet. Wenn der Kunde einmal bei Ihnen ist, muss wirklich alles getan werden, damit er das Produkt kauft. Wie oft haben wir schon eine gute Beratungsleistung abgeliefert, die richtigen Fragen gestellt, und sind trotzdem „5 vor 12“ wieder ausgestiegen, wenn der Kunde sich noch nicht für den Kauf entscheiden konnte. Die Einwände und deren Lösungen in der Abschlussphase müssen so sehr automatisiert sein, dass sie jederzeit abrufbar sind.

- Der Kunde will noch überlegen? Gut, dann überlegen wir doch gemeinsam, und zwar so lange, bis alle Fragen und Zweifel ausgeräumt sind.
- Der Kunde will noch ein Angebot einholen? Gut, dann fragen wir ihn, was er davon erwartet, und fassen noch einmal die wichtigsten Punkte unserer Lösung, die genau für den Kunden passt, zusammen.

4. Direkte Führung der Gruppe

Für diesen Teil Ihrer Führungsfunktion schlüpfen Sie in die Rolle des Verkaufstrainers. Ich möchte Ihnen zeigen, wie Sie Zusammenkünfte Ihrer Verkäufer noch effizienter zur Verbesserung der Arbeitstechnik nutzen.

Ich befinde mich im Vorzimmer des Landesdirektors einer großen österreichischen Versicherung. Der Landesdirektor, Herr G., hat die Funktion neu übernommen. Die Landesdirektion gehört mit zehn regionalen Führungskräften und über einhundert Mitarbeitern im Außendienst zu den großen Vertriebseinheiten des Unternehmens.

Herr G. erzählte bei unserer Begegnung von seinen ersten Maßnahmen, die er als neuer Leiter der Landesdirektion eingeleitet hatte. Mir fiel sofort auf, dass diese Maßnahmen sehr direkt die Entwicklung seiner Verkäufer betrafen. Er hatte ein ausgesprochen klares Bild davon, welche Art von Verkaufsverhalten zum Erfolg führte, und stellte auch bei den Besprechungen mit seinen Führungskräften entsprechende Fragen, die mitunter Befremdung auslösten. Herr G. erzählte, dass er sich schon selbst in den „Ring gestellt" hatte, wenn es um das Training von Verkaufsverhalten ging. Die Mitarbeiter waren ein derartiges Verhalten Ihres Chefs zwar nicht gewohnt, gingen aber interessiert auf dieses Experiment ein.

Herr G. beschloss, mit seinen Führungskräften eine Offensive in der qualitativen Entwicklung seiner Verkäufer zu starten. Es war bereits festgelegt, welche Bausteine die Seminarreihe enthalten sollte. Jetzt ging es um die Auswahl des Trainers. Ich kam also gerade zur rechten Zeit.

Wir besprachen mögliche Schwerpunkte der Seminare, als mich Herr G. mit folgender Frage verblüffte:

Herr G.: „Nehmen wir an, ich würde Sie als Trainer auswählen. Hätten Sie etwas dagegen, wenn wir die Seminare gemeinsam durchführten?“
Pause.

Ich: „Wie meinen Sie das genau?“

Herr G.: „Ich bin ihr Co-Trainer. Ich stelle mich für Rollenspiele zur Verfügung. Ich übernehme auch Referate, wenn wir uns vorher abstimmen.“
Pause.

Ich: „Ja, dann gehen wir es gemeinsam an!“

Ich hatte gewisse Zweifel und stellte mir vor, dass es für die Mitarbeiter von Herrn G. eine große Herausforderung sein würde, ihren Chef in der Rolle als Trainer zu erleben. Wie würden sie wohl damit umgehen? Meine persönliche Eitelkeit meldete sich auch sofort, und ich überlegte mir, wie sehr ein zweiter Trainer mein bewährtes Konzept beeinflussen würde.

Plötzlich aber fiel es mir wie Schuppen von den Augen: Ich war dabei, das, was ich als die Hauptaufgabe von Führungskräften im Vertrieb erachte, demjenigen, der es von sich aus tun will, zu verwehren. Endlich war da einer, der nicht nur ein Verkaufseminar vereinbarte, den Trainer briefte und sich dann mit den besten Wünschen wieder verabschiedete. Diesmal wollte jemand live dabei sein und mitwirken. Ich gab meinen Widerstand auf und fühlte, wie die Begeisterung für dieses Projekt in mir hochkam.

Herr G. will direkt und unmittelbar „am Mann“ führen, demonstrieren, trainieren, vereinbaren und kontrollieren. Er ist auf dem besten Weg dazu, ein Landesdirektor zu werden, der sich nicht in seiner Burg versteckt, sondern seinen direkten Beitrag zur Entwicklung seiner Mannschaft leisten will.

Bevor Sie erfolgreiche Trainings mit Ihren Mitarbeitern durchführen können, ist es notwendig, den Erfolgsprozess Ihrer Branche zu zergliedern. Die Frage lautet: Welche Verhaltensweisen und Techniken meiner Mitarbeiter führen zum Erfolg im Verkauf? Diese einzelnen Faktoren sind in allen Branchen von der Grundlage her sehr ähnlich aufgebaut. Je nachdem, ob Sie den Kunden besuchen oder der Kunde zu Ihnen kommt, ergeben sich natürlich Unterschiede.

Im Folgenden werden wir uns diese einzelnen Bausteine genauer ansehen. Wir werden das Lernziel beschreiben und eine Ablaufplanung für eine kurze Übungseinheit zu dem jeweiligen Thema anbieten. Sie, liebe Führungskraft, sind dann aufgefordert, diese Bausteine auf die exakten Erfordernisse in Ihrer Branche zu adaptieren und die Übungen mit Ihren Mitarbeitern durchzuführen. Sie werden sehr rasch feststellen, wie sich die verkäuferische Kompetenz Ihrer Mitarbeiter dadurch entwickelt.

I. Die rote Linie

Lernziel:

Die Verkäufer lernen ihre persönlichen Barrieren kennen und erarbeiten Möglichkeiten, diese zu überwinden.

Übungsablauf:

■ 1. Vortrag: Die rote Linie

Das Überschreiten der roten Linie ist die Grundvoraussetzung für die Entwicklung zum Profi im Verkauf. Verkäufer kennen diese Verhaltensweisen meist auch genau, schrecken aber davor zurück, weil damit eine Überwindung persönlicher Barrieren verbunden ist. Es fällt schwer, nach dem Abschluss „auf andere Sparten umzusteigen“, weil man keinen Druck ausüben will, weil der Kunde das „alles sowieso schon hat“ oder „sowieso nicht braucht". Auch die Weiterempfehlung wird kaum angesprochen, obwohl jeder weiß, dass Adressen das Grundkapital unseres Berufs sind.

Als Führungskraft sind Sie verantwortlich dafür, dass sich Ihre Mitarbeiter entwickeln. Der konstruktive Umgang mit der roten Linie ist eine der wichtigsten Herausforderungen dafür.

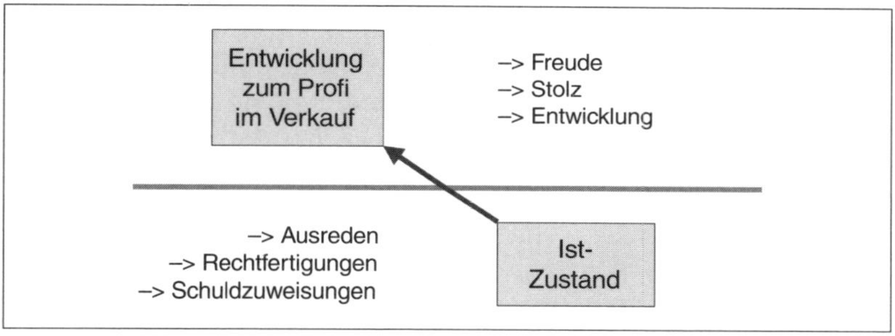

Die rote Linie

Zeichnen Sie Ihren Verkäufern dieses Bild auf ein Flipchart. Es zeigt den Mechanismus, der sich in uns abspielt, wenn wir vor der roten Linie stehen. Wir wissen genau, wir sollten noch das andere Produkt oder die Weiterempfehlung ansprechen und haben dabei grundsätzlich zwei Möglichkeiten: Wenn wir es tun, dann sind Freude, Stolz und Selbstachtung das Ergebnis. Jeder von uns kennt das prickelnde Gefühl, wenn wir etwas zum ersten Mal erfolgreich angepackt haben.

Wenn wir aber die rote Linie nicht überschreiten, benötigen wir Ausreden. Ob das dann das „Sommerloch" ist oder der Kunde, der sowieso „kein Geld hat" oder „die schlechte Wirtschaftslage". Diese Ausreden bringen uns aber nicht weiter. Entscheidend für unsere Entwicklung ist nur der Umstand, dass wir unsere rote Linie überschritten haben – oder eben nicht.

Wenn Sie das Gefühl haben, dass Ihre Verkäufer den Zusammenhang verstanden haben, dann gehen Sie zum nächsten Schritt.

■ 2. Gruppenarbeit

Bei dieser Gruppenarbeit geht es darum, dass Ihre Verkäufer ihre typischen „roten Linien" und ihre „typischen Ausreden" einmal auflisten. Geben Sie den Gruppen eine Folie oder Flipchartpapier, und lassen Sie sie dann 20 Minuten lang rote Linien und Ausreden sammeln. Sie werden sehen, dass den Teilnehmern die Übung Spaß macht. Auch bei der anschließenden Präsentation im Plenum wird viel gelacht, weil sich die Verkäufer ertappt fühlen.

■ 3. Meine persönliche rote Linie

Nach der Präsentation steht nun eine Reihe von roten Linien im Raum. Am besten schreiben Sie während der Präsentation auf einem eigenen Flipchart mit und gehen dann am Schluss mit den Teilnehmern die einzelnen Punkte nochmals durch. Anschließend bitten Sie jeden Teilnehmer, sich eine rote Linie auszusuchen, die er in nächster Zeit bearbeiten wird. Nachdem Sie der Gruppe einige Minuten Zeit für die Auswahl gegeben haben, gehen Sie reihum und fragen, was sich die Teilnehmer denn ausgesucht haben. Beraten Sie jeden Einzelnen, wie er seine rote Linie möglichst konkret bearbeiten kann, nutzen Sie auch die Erfahrungen der Gruppe als Ressource.

■ 4. Erfolgskontrolle

Greifen Sie das Thema in einer späteren Gruppensitzung wieder auf. Lassen Sie über die Erlebnisse beim Überschreiten der roten Linie berichten. Vereinbaren Sie mit Ihren Verkäufern, welche rote Linie sie im nächsten Schritt überschreiten werden.

II. Die telefonische Terminvereinbarung

Lernziel:

Die Verkäufer lernen die professionelle Terminvereinbarung am Telefon.

Übungsablauf:

■ 1. Vortrag: Telefonische Terminvereinbarung

Die telefonische Terminvereinbarung stellt für fast alle Verkäufer eine rote Linie dar. Erwachsene Menschen bekommen oft schweißnasse Hände, wenn sie am Telefon Termine vereinbaren sollen. Besonders unangenehm wird die Situation erlebt, wenn es sich dabei um Neukunden handelt. Der Grund dafür liegt wieder in einer unprofessionellen Arbeitstechnik, die nicht zum Erfolg führt und das Unbehagen vor dem Telefon umso größer werden lässt. Ein Teufelskreis, der nur mit entsprechendem Training durchbrochen werden kann.

Am Telefon fällt die Entscheidung des Kunden „Termin oder kein Termin" innerhalb weniger Sekunden. Umso wichtiger ist eine ausgefeilte Technik. Wenn wir selbst von jemandem angerufen werden, der uns etwas verkaufen will, dann stehen unsere Sinne zunächst auf „Abwehr". Wir hören gar nicht zu und versuchen, den Eindringling wieder loszuwerden. Deshalb hat es auch keinen Sinn, am Telefon lange über Produkte zu diskutieren. Am Telefon geht es nur um den Termin. Der Kunde muss schnell für ein Gespräch interessiert werden, weil er sich einen Vorteil erwartet.

Beschreiben Sie Ihren Mitarbeitern in wenigen Strichworten, warum es oft so schwer fällt zu telefonieren und wie sie diesem Dilemma entkommen. Machen Sie auch deutlich, dass es nie darum geht, schon im ersten Telefonat den Termin zu bekommen, sondern zunächst das Gespräch am Laufen zu halten, um zu einem späteren Zeitpunkt einen Termin zu erhalten.

■ 2. Selektion

Zur Vorbereitung von echten Telefonaten ist es notwendig, „Material" bereitzustellen. Am sinnvollsten ist es, dafür den Kundenbestand zu nutzen und Kunden zu selektieren, die ein bestimmtes Produkt nicht haben bzw. nur eine ältere Variante davon besitzen. Bei Neukunden muss man sich aus anderen Datenbanken Adressen heraussuchen. Wie auch immer: Bevor Sie mit der Telefonakquise weitermachen können, sollten Sie die Mitarbeiter ein Formblatt mit Adressen ausfüllen lassen. Aus Zeitgründen können Sie natürlich auch eine fertige Selektion zum Telefontraining mitbringen lassen. Das folgende Blatt können Sie als Muster verwenden.

Nr.	Name	Termin am	kein Termin, weil ...
1	Albers		kein Interesse
2	Anring		nicht erreicht
3	Berler	07.05.03, 17:00	
4	Brandweiner	06.05.03, 16:00	
5	Buzecky		im Herbst wieder nachfragen
6	Goldgruber	08.05.03, 16:00	
7	Höber		hat schon abgeschlossen
8	Konrad		nicht erreicht
9	Kittl	06.05.03, 19:00	
10	Ladner		gerade in Scheidung
11	Maierhofer	07.05.03, 15:00	
12	Maurer		nicht erreicht
13	Niederer		kein Interesse

Nr.	Name	Termin am	kein Termin, weil ...
14	Oswald	07.05.03, 18:00	
15	Perk		Angebot geschickt
16	Radler		nicht erreicht
17	Rieberer	07.05.03, 19:00	
18	Thürschweller	08.05.03, 17:00	
19	Weghofer		nach Urlaub anrufen
20	Zimmermann	06.05.03, 17:00	

Telefonakquise: Bestandskunden ohne Altersvorsorge

■ 3. Einwände am Telefon

In jedem Gespräch gibt es Einwände. Eine saubere Einwandbehandlung ist gerade am Telefon besonders wichtig, weil es so schnell abläuft und man zu seinem Gesprächspartner keinen Blickkontakt hat. Sammeln Sie die typischen Einwände der Kunden am Telefon, und entwickeln Sie gemeinsam mit Ihren Mitarbeitern Lösungen. Hier einige Beispiele:

Kunde: **„Keine Zeit ..."**

Verkäufer: „Das verstehe ich, auch meine Zeit ist knapp. Ich rufe genau aus diesem Grund an, um einen Termin zu finden, an dem es uns beiden passt. Passt es Ihnen besser am ... um ... oder ... am ... um ...?"

Kunde: **„Habe ich schon ..."**

Verkäufer: „Gut, Herr Kunde, dann wird Sie mein Besuch nur bestätigten. Sehen wir uns gemeinsam an, wie gut das Produkt noch zu Ihnen passt. Passt es Ihnen besser am ... um ... oder ... am ... um ...?"

Kunde: **„Schicken Sie mir Unterlagen ...“**

Verkäufer: „Ja, das kann ich tun, die Erfahrung zeigt aber, dass beim Durchsehen der Unterlagen immer wieder Fragen auftreten, die wir in einem persönlichen Gespräch gleich beantworten können. Passt es Ihnen besser am ... um ... oder ... am ... um ...?“

Es ist wichtig, dass Sie sich mit Ihren Mitarbeitern auf passende Lösungen für alle Einwände einigen, die in der Praxis vorkommen. Trainieren Sie die Bearbeitung dieser Einwände mit Ihren Mitarbeitern immer wieder, bis sie automatisiert sind.

■ 4. Einstiegssatz

Im nächsten Schritt überlegt sich jeder Teilnehmer gemäß der von ihm durchgeführten Selektion einen passenden Einstiegssatz für ein Telefonat. Dann fragen Sie reihum die Einstiegssätze ab, bringen Einwände und achten darauf, dass der Verkäufer nach der Einwandbehandlung sofort wieder auf den Terminvorschlag zu sprechen kommt. Der Kunde am Telefon soll über den Termin nachdenken, über sonst nichts.

Hier einige Beispiele für Einstiegssätze am Telefon:

Bestandskunde:

„Guten Tag, Herr W., wir haben einige Neuerungen im Programm, die ich Ihnen unbedingt zeigen will. Passt es Ihnen besser am ... um ... oder ... am ... um ...?“

Neukunde:

„Guten Tag, Herr W., ich möchte Sie gern persönlich von den Vorteilen einer Zusammenarbeit mit mir überzeugen. Passt es Ihnen besser am ... um ... oder ... am ... um ...?“

Empfehlungskunde:

„Guten Tag, Herr W., ich rufe auf Empfehlung Ihres Bekannten Herrn X an. Herr X war von den Vorteilen unserer Produkte sehr begeistert und meinte, Sie hätten wahrscheinlich auch Interesse daran. Ein persönliches Gespräch wird Sie überzeugen. Passt es Ihnen besser am ... um ... oder ... am ... um ...?“

Die folgenden Beispiele zeigen Arbeitsblätter für die telefonische Terminvereinbarung.

Das erste Blatt ist von einem Autoverkäufer ausgefüllt worden. Er nahm sich vor, alle Kunden anzurufen, die einen Wagen der Marke X zwischen zwei und vier Jahren fahren, mit dem Ziel, die Kunden für Probefahrten mit dem neuen Modell zu gewinnen.

Das zweite Beispiel betrifft einen Versicherungsberater, der aus seinem Bestand Kunden ausgewählt hat, die noch keine Rentenversicherung abgeschlossen hatten.

Das dritte Arbeitsblatt ist von einem Pharmaberater. Er hat sich vorgenommen, seine Kunden telefonisch zur Präsentation eines umfangreichen Informationsprogramms über die Krankheit X einzuladen.

Das vierte Beispiel betrifft einen Einrichtungsberater. Auf einer Messe gab es an seinem Stand ein kleines Gewinnspiel. Die Kunden mussten eine Frage richtig beantworten und ihre Anschrift und Telefonnummer auf der Gewinnkarte eintragen. Aus diesem Adressmaterial wollte der Verkäufer Kunden anrufen und für einen Beratungstermin gewinnen.

1. Terminvereinbarung – Autohandel

Ausgangssituation:

Bestandskunden, die ihren Wagen nun zwischen zwei und vier Jahren gefahren haben.

Einstiegssatz:

„Guten Tag, Herr Kunde, hier spricht Herr M., Ihr Betreuer von Ihrem Autohaus. Herr Kunde, das neueste Modell des Wagen X ist eben bei uns eingetroffen. Dieses Fahrgefühl sollten Sie unbedingt persönlich testen. Wann darf ich Ihnen einen Termin für eine Probefahrt reservieren?“

Einwände und Lösungen:

➤ **„Ich denke noch nicht an ein neues Auto.“**

„Gut, wenn Sie mit Ihrem Wagen so zufrieden sind. Ich möchte Sie aber trotzdem gern zu einer Probefahrt einladen und Ihnen zeigen, warum gerade jetzt ein sehr günstiger Zeitpunkt ist, auf den neuen Wagen umzusteigen. Wann darf ich Ihnen einen Termin reservieren?“

➤ **„Tut mir Leid, ich habe wirklich keine Zeit.“**

„Ja, das verstehe ich. Auch meine Zeit ist knapp, deshalb rufe ich an, um einen Termin zu finden, an dem wir beide etwas Zeit erübrigen können. Passt es Ihnen am Dienstag um 16.00 Uhr oder am Donnerstag um 17.00 Uhr?“

➤ **„Tut mir Leid, ich habe momentan kein Interesse."**

„Das verstehe ich, Sie sind ja auch noch nicht mit dem neuen Wagen gefahren. Wann darf ich Ihnen einen Termin reservieren?"

➤ **„Ich bin mit dem Wagen nicht mehr so zufrieden. Ich werde wahrscheinlich auf eine andere Marke umsteigen."**

„Gut, dass Sie mir das rechtzeitig sagen. Wir sollten darüber unbedingt persönlich sprechen, am besten bei einer Probefahrt mit dem neuen Wagen. Wann darf ich Ihnen einen Termin reservieren?"

➤ **„Schicken Sie mir Unterlagen."**

„Bei der Durchsicht von Unterlagen treten erfahrungsgemäß immer wieder Fragen auf, die ich Ihnen gleich beantworten kann. Wann darf ich Ihnen einen Termin reservieren?"

➤ **„Sie wollen ja nur verkaufen!"**

„Natürlich will ich Ihnen etwas verkaufen, das genau zu Ihnen passt. Eine Probefahrt wird Sie überzeugen. Wann darf ich Ihnen einen Termin reservieren?"

➤ **„Ich habe kein Geld zur Verfügung."**

„Herr Kunde, dann ist es umso wichtiger, dass wir uns treffen. Sie werden überrascht sein, wie gut unser Angebot für Ihren Wagen ist. Außerdem haben wir sehr interessante neue Leasing-Varianten. Wann darf ich Ihnen einen Termin reservieren?"

2. Terminvereinbarung – Versicherung

Ausgangssituation:

Bestandskunden ohne private Rentenversicherung.

Einstiegssatz:

„Guten Tag, Herr Kunde, hier spricht Ihr Berater von Ihrer Versicherung. Ich habe festgestellt, das wir uns noch gar nicht darüber unterhalten haben, wie Sie einmal Ihren Ruhestand finanzieren wollen.

Ich bin nächste Woche zweimal in Ihrer Nähe. Passt es Ihnen besser am Dienstag um 16.00 Uhr oder am Donnerstag um 17.00 Uhr?“

Einwände und Lösungen:

- **„Die Börsen sind doch im Keller.“**

„Da haben Sie Recht, Herr Kunde, gerade deswegen möchte ich Ihnen zeigen, wie wichtig es ist, unbedingt jetzt einzusteigen. Passt es Ihnen am Dienstag um 16.00 Uhr oder am Donnerstag um 17.00 Uhr?“

- **„Tut mir Leid, ich habe wirklich keine Zeit.“**

„Ja, das verstehe ich. Auch meine Zeit ist knapp, deshalb rufe ich an, um einen Termin zu finden, an dem wir beide etwas Zeit erübrigen können. Passt es Ihnen am Dienstag um 16.00 Uhr oder am Donnerstag um 17.00 Uhr?“

- **„Ich habe schon gut vorgesorgt.“**

„Sehr gut, Herr Kunde, dann wird Sie mein Besuch nur bestätigen. Überprüfen wir gemeinsam, ob die von Ihnen getroffene Vorsorge noch Ihrer aktuellen Lebenssituation entspricht. Passt es Ihnen am Dienstag um 16.00 Uhr oder am Donnerstag um 17.00 Uhr?“

➤ **„Tut mir Leid, ich habe kein Interesse.“**

„Das verstehe ich, Herr Kunde, dass Sie kein Interesse haben. Sie wissen ja noch gar nicht genau, worum es geht. Ich zeige Ihnen Möglichkeiten, wie Sie sich mit einem geringen Monatsaufwand einen hohen Gewinn erwirtschaften können. Passt es Ihnen am Dienstag um 16.00 Uhr oder am Donnerstag um 17.00 Uhr?“

➤ **„Schicken Sie mir Unterlagen.“**

„Bei der Durchsicht von Unterlagen treten erfahrungsgemäß immer wieder Fragen auf, die ich Ihnen gleich beantworten kann. Natürlich werde ich Unterlagen mitbringen. Passt es Ihnen am Dienstag um 16.00 Uhr oder am Donnerstag um 17.00 Uhr?“

➤ **„Sie wollen ja nur verkaufen!“**

„Natürlich will ich Ihnen etwas verkaufen, das genau zu Ihnen passt. Ein persönliches Gespräch wird Sie überzeugen. Passt es Ihnen am Dienstag um 16.00 Uhr oder am Donnerstag um 17.00 Uhr?“

➤ **„Ich werde von der ‚Glücksschaden‘ gut betreut.“**

„Sehr gut, Herr Kunde, dann wird Sie mein Besuch nur bestätigen. Überprüfen wir gemeinsam, ob Ihre Absicherung noch Ihrer Lebenssituation entspricht.“

➤ **„Ich habe kein Geld zur Verfügung.“**

„Herr Kunde, dann ist es umso wichtiger, dass wir uns treffen. Sie werden überrascht sein, wie gering Ihr Aufwand für ein größeres Sparvorhaben (eine lebenslange Privatrente) ist. Passt es Ihnen am Dienstag um 16.00 Uhr oder am Donnerstag um 17.00 Uhr?“

3. Terminvereinbarung – Pharma

Ausgangssituation:

Ärzte sollen zur Präsentation eines umfassenden Informationsprogramms über die Krankheit X eingeladen werden.

Einstiegssatz:

„Guten Tag, Herr Dr. Y. Hier spricht Ihr Berater von der Firma X. Ich kann Ihnen heute etwas wirklich Außergewöhnliches anbieten. Ich möchte Sie am ... um ... in ... zur Präsentation des derzeit besten Informationsprogramms über die Krankheit X einladen. Das werden Sie sich doch nicht entgehen lassen?“

Einwände und Lösungen:

➤ **„Kein Interesse ...“**

„Ich verstehe, dass Sie kein Interesse haben. Sie wissen ja noch gar nicht, worum es geht. Unsere Präsentation des derzeit besten und größten Informationsprogramms über die Krankheit X wird Ihr Interesse ganz sicher wecken. Darf ich also am ... um ... mit Ihnen rechnen?“

➤ **„Keine Zeit ...“**

„Ich verstehe, dass Ihre Zeit knapp ist. Gerade deswegen informiere ich Sie auch heute schon über diesen Termin. So können Sie noch disponieren. Darf ich also am ... um ... mit Ihnen rechnen?“

- **„Sie können mir ja die Unterlagen schicken / hier lassen ...“**

„Das ist natürlich eine Möglichkeit. Unsere Erfahrung hat jedoch gezeigt, dass bei der Durchsicht der Unterlagen immer wieder Fragen auftreten, die wir in der interaktiven Präsentation gleich beantworten können. Darf ich also am ... um ... mit Ihnen rechnen?“

- **„Ich bin über dieses Problem bereits ausreichend informiert ...“**

„Dann wird Sie diese Präsentation in Ihrem Wissen nur bestätigen. Ich verspreche Ihnen aber, dass Sie das derzeit größte und beste Informationsprogramm über die Krankheit X erleben werden. Da sind garantiert auch für Sie neue Aspekte dabei. Darf ich also am ... um ... mit Ihnen rechnen?“

- **„Ich habe schon sehr viele Abendtermine ...“**

„Ich weiß, dass für Sie Fortbildung einen sehr großen Stellenwert hat. Gerade deswegen bin ich mir sicher, dass gerade Sie am ... um ... das derzeit beste und größte Informationsprogramm über die Krankheit X erleben wollen. Darf ich also am ... um ... mit Ihnen rechnen?“

- **„Ich bin privat verhindert ...“**

„Ich sehe, dass Sie interessiert sind. Wir sind natürlich so flexibel, Ihnen Alternativtermine vorzuschlagen. Ich kann Ihnen zwei weitere Termine anbieten. Welcher Termin passt Ihnen am besten?“

- **„Bei diesen Präsentationen hört man sowieso immer dasselbe ...“**

„Es tut mir Leid, dass Sie negative Erfahrungen gemacht haben. Gerade deswegen freut es mich, dass ich Ihnen am ... um ... das derzeit größte und beste Informationsprogramm über die Krankheit X präsentieren darf – noch dazu in einer Form aufbereitet, die Sie wirklich begeistern wird. Darf ich also am ... um ... mit Ihnen rechnen?“

- **„Diese Vorträge sind immer so langweilig ...“**

„Danke, dass Sie mir das so offen sagen. Wir von der Firma Y haben das auch schon oft feststellen müssen. Gerade deswegen haben wir eine Form der Präsentation gewählt, die nicht nur medial höchst interessant aufgebaut ist, sondern auch von der aktiven Mitarbeit der Teilnehmer lebt. Darf ich also am ... um ... mit Ihnen rechnen?“

- **„Die Anreise ist mir zu lang ...“**

„Ich verstehe, dass für Sie die Anreise ein Aufwand ist. Dafür verspreche ich Ihnen aber, dass Sie eine höchst interessante Präsentation erleben werden, die Ihre Erwartungen voll und ganz erfüllen wird. Darf ich also am ... um ... mit Ihnen rechnen?“

- **„Ich finde dort keinen Parkplatz ...“**

„Danke für diesen Hinweis. Natürlich haben wir ein Hotel für die Präsentation ausgewählt, bei dem es auch Parkmöglichkeiten gibt. Die Kosten dafür übernehmen natürlich wir. Darf ich also am ... um ... mit Ihnen rechnen?“

4. Terminvereinbarung – Einbauküchen

Ausgangssituation:

Kunden, die sich auf der Messe für Einbauküchen interessiert haben.

Einstiegssatz:

„Guten Tag, Herr Kunde, hier spricht Ihr Berater von der Firma X. Sie haben sich auf der Messe für unsere neuen Küchen interessiert. Jetzt möchte ich gern mit Ihnen einen ganz persönlichen Beratungstermin vereinbaren. Passt es Ihnen eher vormittags oder nachmittags?“

Einwände und Lösungen:

➤ **„Das hat noch Zeit, wir bauen erst in einem halben Jahr.“**

„Gut, dann bleibt uns für die umfassende Planung Ihrer Traumküche mehr Zeit. Wann setzen wir uns zusammen, passt es Ihnen besser vormittags oder nachmittags?“

➤ **„Tut mir Leid, ich habe wirklich keine Zeit.“**

„Ja, das verstehe ich. Auch meine Zeit ist knapp, deshalb rufe ich an, um einen Termin zu finden, an dem wir beide etwas Zeit erübrigen können. Passt es Ihnen besser vormittags oder nachmittags?“

➤ **„Tut mir Leid, ich habe kein Interesse.“**

„Sie werden sehen, wie schnell Ihr Interesse geweckt ist, wenn wir gemeinsam an Ihrer Traumküche basteln. Passt es Ihnen besser vormittags oder nachmittags?“

➤ **„Schicken Sie mir Unterlagen."**

„Sie werden sehen, dass Unterlagen eine persönliche Beratung nicht ersetzen können. Die Küche soll ja ganz genau zu Ihnen passen. Also, passt es Ihnen besser vormittags oder nachmittags?"

➤ **„Sie wollen ja nur verkaufen!"**

„Natürlich will ich Ihnen die Traumküche verkaufen, die genau zu Ihnen passt. Ein persönliches Gespräch wird Sie überzeugen. Passt es Ihnen besser vormittags oder nachmittags?"

➤ **„Ich werde wahrscheinlich in einem anderen Möbelhaus kaufen."**

„Gut, Herr Kunde, dann habe ich Sie ja gerade noch rechtzeitig erwischt. Geben Sie mir die Chance, Sie persönlich von unserer Qualität in der Planung und Ausführung zu überzeugen? Passt es Ihnen besser vormittags oder nachmittags?"

➤ **„Ich habe kein Geld zur Verfügung."**

„Gut, dass Sie mir das so offen sagen. Wir haben aber auch sehr interessante Teilzahlungsvarianten. Das muss ich Ihnen aber persönlich zeigen. Passt es Ihnen besser vormittags oder nachmittags?"

5. Rollenspiel

Wählen Sie nun einen Teilnehmer aus, der die telefonische Terminvereinbarung üben wird. Am besten funktioniert folgendes Setting: Der Rollenspieler sitzt hinter einer Pinnwand. Die anderen Teilnehmer setzen sich nacheinander auf einen Sessel vor der Pinnwand. Der Rollenspieler begrüßt und sagt seinen Einstiegssatz, die „Kunden" bringen Einwände und vergeben dann den Termin oder eben nicht. Diese Übung ist umso effizienter, je mehr Kunden zur Verfügung stehen.

Wenn Sie mit einer sehr kleinen Gruppe arbeiten, dann lassen Sie die Mitarbeiter die Kundenrolle mehrmals spielen. Instruieren Sie die ersten beiden Kunden, dass sie keinesfalls einen Termin geben sollen, egal, wie gut oder schlecht sich der Rollenspieler verhält. Wenn Sie die Gespräche auf Video aufzeichnen, dann sehen Sie in der späteren Analyse sehr schön die Frustration im Gesicht des Rollenspielers, der die „Neins" hinnehmen musste. Normalerweise hätte er nach diesen Erlebnissen wahrscheinlich wieder aufgehört zu telefonieren. Im Rollenspiel ist er aber gezwungen weiterzumachen und kann deshalb gar nicht am Erfolg vorbeigehen. Damit wird für ihn selbst und auch für die Gruppe an einem Beispiel deutlich, wie wichtig das konsequente Arbeiten gerade bei der Telefonakquise ist. Es geht nicht darum, sofort einen Termin zu bekommen. Es geht darum, eine Zeit lang durchzuarbeiten und sich von der Frustration, die ein Nein auslöst, nicht irritieren zu lassen.

Das gemeinsame Ansehen der Videoaufzeichnung verdeutlicht den Lerneffekt.

6. „Echtes" Telefonieren

Nun geht es zur Sache. Die Teilnehmer nehmen ihre Vorbereitungsblätter, und es geht los. Für eine möglichst erfolgreiche Telefonsitzung müssen die Rahmenbedingungen passen. Es gibt Menschen, die gern in einer kleinen Gruppe telefonieren, andere hingegen mögen das gar nicht. Heutzutage lässt uns das Handy die Möglichkeit offen, den Ort auszuwählen, an dem wir uns wohl fühlen.

■ 7. Nachbearbeitung

Versammeln Sie die Gruppe nach dem Telefonieren nochmals. Entweder am selben Abend oder am nächsten Morgen. Fragen Sie die Einzelnen genau, was bei der Telefonakquise herausgekommen ist. Gehen Sie dabei nicht nur auf die Anzahl der Termine, sondern auch auf die Einwände jener Kunden ein, die keinen Termin geben wollten. Überlegen Sie gemeinsam, wie man diese Einwände noch besser hätte bearbeiten können.

III. Einwandbehandlung

Lernziel:

Verkäufer kennen die Einwände ihrer Kunden und finden passende Entgegnungen.

Übungsablauf:

■ 1. Vortrag: Einwandbehandlung

Die Angst vor Kundeneinwänden geht kreuz und quer durch die Zunft der Verkäufer. So knapp am Ziel, und plötzlich bringt der Kunde noch Einwände. Es gibt keinen Grund, Angst vor Einwänden zu haben, wenn man sie als das versteht, was sie sind: Zeichen, dass der Kunde sich zwar schon ein bisschen mit dem Produkt angefreundet hat, aber noch Unklarheiten und Fragen bestehen, die vorher geklärt werden müssen.

Nur wer weiß, wie man mit Kundeneinwänden umgeht, besitzt die Voraussetzung, um gelassen mit ihnen umzugehen. Der Kunde will zu Recht im Verkäufer einen Partner, der seine Sorgen und Fragen kennt und Lösungen bereit hält. Das Grundwissen jedes Verkäufers muss deshalb darin bestehen, für möglichst viele Einwände Lösungen parat zu haben und um neue Einwände, die der Kunde bringt, zu ergänzen.

Einwandbehandlung

- Wer Einwände vorbringt, hat sich mit der Sache beschäftigt.
- Behandeln Sie Einwände nie mit Gegenargumenten, denn daraus entsteht nur ein Streitgespräch.
- Hören Sie bei Einwänden genau zu, und analysieren Sie die Hintergründe: Wie meinen Sie das genau? Woher stammt diese Information?
- Danken Sie dem Kunden für den Einwand, und wandeln Sie diesen in ein Verkaufsargument um.
- Sammeln Sie die Einwände Ihrer Kunden, und überlegen Sie, wie Sie beim nächsten Mal damit umgehen.

2. Gruppenarbeit

Teilen Sie das Plenum in mehrere kleine Gruppen. Jede Gruppe erhält eine Folie und zwei Farbstifte. Bitten Sie die Gruppen nun, mit der einen Farbe typische Einwände aus der Verkaufspraxis aufzuschreiben und mit der anderen die entsprechenden Lösungen. Bei den Präsentationen stellen Sie immer Einvernehmen in der Gruppe darüber her, ob die vorgeschlagene Lösung von allen akzeptiert wird, beziehungsweise welche alternativen Lösungen darüber hinaus denkbar sind.

■ 3. Automatisierung

Aus den Ergebnissen der Gruppenarbeiten verfassen Sie eine Unterlage, die alle Einwände mit den entsprechenden Lösungen enthält. Geben Sie diese Unterlage Ihren Mitarbeitern, und prüfen Sie immer wieder ab, ob die Antworten automatisiert sind. Sie werden sehen, wie rasch der Lernerfolg eintritt.

Das Abfragen der Einwände können Sie bei jedem weiteren Meeting als Übung zum Auflockern verwenden. Stellen Sie auch sicher, dass diese Liste immer wieder aktualisiert wird.

IV. Fragen stellen

Lernziel:

Verkäufer kennen die Fragen, mit denen sie beim Kunden Kaufmotive erzeugen und setzen diese gekonnt im Gespräch ein.

Übungsablauf:

■ 1. Vortrag: Die richtigen Fragen stellen

Die wichtigste Wandlung, die der Verkäufer auf seinem Weg zum Profi durchlaufen muss, ist die Entwicklung vom Produktzusteller zum Fragensteller. Als kleine Kinder waren wir schon einmal Fragensteller. Wir haben unseren Eltern so lange „ein Loch in den Bauch" gefragt, bis sie gesagt haben: „Kind, nun frag doch nicht so viel!" Schnell haben wir festgestellt, dass es im Leben nicht um Fragen, sondern um Antworten geht.

In der Schule werden Fragen üblicherweise nicht hoch bewertet. Für eine gute Note muss beispielsweise ein Diktat geschrieben werden, und dieses Produkt wird dann bewertet. Es geht also immer um Produkte. Als Verkäufer denken wir auch viel eher daran, uns das Fachwissen anzueignen, vielleicht auch noch Kenntnisse über die Konkurrenzprodukte und deren Vorteile.

Wir überlegen aber kaum, welche Fragen wir stellen können, um Kaufmotive zu erzeugen. Und wenn wir doch einmal Fragen stellen, dann halten wir die Pausen, die darauf folgen, schwer aus. Wir unterbrechen sofort wieder den Reflexionsprozess des Gegenübers, indem wir eine andere Frage „nachschießen“. Die beste Frage verliert aber ihre gesamte Wirkung, wenn wir die Pause danach nicht aushalten.

Verhalten des Verkäufers

- Einstiegsfragen
- Vertiefungsfragen
- Notieren
- Mut zur Pause
- Bestätigen, Begeistern
- Zusammenfassen
- Auswerten

Die Herausforderung für den Verkäufer ist also, wieder mehr in Fragen zu denken und diese auch zu stellen, damit die Kunden im Gespräch ihre Motive erkennen können und Waren bzw. Dienstleistungen erwerben, die wirklich zu ihnen passen.

2. Interviewübung

Teilen Sie das Plenum in Dreier-Gruppen. Lassen Sie in diesen Gruppen jeweils drei Interviews durchführen. Im ersten Schritt wird die Person A interviewt, B und C stellen Fragen. Dann werden die Rollen vertauscht, bis jeder einmal interviewt worden ist.

Klären Sie vorher noch Regeln, die auf jeden Fall eingehalten werden sollten, wie zum Beispiel:

- W-Fragen stellen
- Mut zur Pause
- zuhören, nachfragen
- nicht über Produkte sprechen

Das Thema des Interviews kann im Prinzip jedem Bereich des Lebens entnommen sein. Wenn es nur darum geht, Interviews zu üben, dann ist das Thema: „Was halten Sie von der Geschwindigkeitsbegrenzung auf Autobahnen?“ genauso angebracht wie ein Interview zum Thema: „Was erwarten Sie von einem guten Lehrer?“ Sie können aber auch schon zu Ihren Produkten interviewen lassen. Dann ist es aber wichtig, dass über Motive und nicht über Produkte interviewt wird und die ersten Fragen in die entsprechende Richtung gestellt werden. Beispiele:

- „Was werden Sie für Ihre Altersvorsorge tun?“
- „Was erwarten Sie von einer guten Zeitung?“
- „Wofür werden Sie Ihren Computer nutzen?“

Die Frage, „Was erwarten Sie von ...“, ist eine Einstiegsfrage, die zu fast allen Branchen und Produkten passt. Wichtig ist, dass die Verkäufer angehalten werden, auf die Antwort des Befragten zu warten, um daraus die nächste Frage zu formulieren. So lange, bis sich ein deutliches Kaufmotiv abzeichnet.

Interviewer:	„Was erwarten Sie von Ihrer Führungskraft?“
Interviewter:	„Na ja, der soll für mich da sein.“
Interviewer:	„Was heißt, er soll für Sie da sein?“
Interviewter:	„Er soll mithelfen, meine Ziele zu erreichen.“
Interviewer:	„Wie kann er das tun?“

Interviewter: „Er kann sich mit mir zusammensetzen und meine aktuellen Zahlen ansehen. Daraus ergeben sich dann sicher Möglichkeiten, gemeinsame Strategien festzulegen.“

Interviewer: „Was für eine Strategie könnte das sein?“

Interviewter: „Wenn ich meine Zahlen so ansehe, dann fällt mir auf, dass ...“

Meiner Erfahrung nach kann man auch bei dieser Übung die Videokamera sehr gut einsetzen. Besuchen Sie die Gruppen und schneiden Sie kurze Sequenzen mit. Um den Lerneffekt zu verdeutlichen, können Sie eine Szene zweimal drehen: Zuerst schneiden Sie das „Original“ mit und später eine durch gemeinsame Beratung verfeinerte Szene, in der die Kunst des Fragenstellens noch besser zum Ausdruck kommt.

Bei der Videoanalyse können Sie dann das Abspielen an Szenen stoppen, die das Entstehen von Kaufmotiven deutlich machen. Betroffenheit, Begeisterung, Vorfreude, Angst spiegeln sich im Gesichtsausdruck der Rollenspieler wider und bilden die Grundlage für das Entstehen von Kaufmotiven.

■ 3. Fragen erarbeiten

Im Anschluss an die Interviews entwickeln Sie gemeinsam mit der Gruppe Einstiegs- und Vertiefungsfragen zu Ihren Produkten sowie Umstiegsfragen auf andere Sparten:

Einstiegsfragen

- „Was erwarten Sie von einem Fernseher?“

Vertiefungsfragen

- „In welchem Raum soll das Gerät stehen?“
- „Wie wichtig ist ein wirklich flimmerfreies Bild für Sie?“

- „Wie oft sehen Sie im Fernsehen Kinofilme?“
- „Wie wichtig ist Ihnen die Sicherheit einer großen Marke?“

Zusatzverkauf

- „Darf ich Ihnen einen Videorecorder zeigen, der genau auf dieses Gerät abgestimmt ist?“

■ 4. Fragenkatalog

Ergänzen Sie die so erarbeiteten Fragen immer wieder, sodass schließlich eine Unterlage entsteht, die sowohl für alle Produkte Fragen für die Motivforschung enthält als auch Umstiegsfragen auf alle anderen Produkte, die dazu passen. Trainieren Sie mit den Mitarbeitern das Interviewen nach diesem Muster immer wieder, und stellen Sie sicher, dass diese Fragen im Verkaufsgespräch tatsächlich gestellt werden.

V. Das Verkaufsgespräch

Lernziel:

Verkäufer führen das Gespräch durch Fragen, erkennen Kaufmotive und gelangen sicher zum Abschluss.

Verkaufsgespräche sollten Sie mit Ihren Verkäufern im Rollenspiel regelmäßig trainieren. Die Videokamera erhöht auch in diesem Fall die Effizienz der Übung und bietet zudem die Möglichkeit, an heiklen Stellen die Kamera zu stoppen und das weitere Vorgehen gemeinsam zu überlegen.

Erklären Sie vorher genau die Ausgangssituation, und machen Sie auch klar, was Sie sich vom Verkäufer erwarten.

Bei der Aufarbeitung der Videos sollten Sie auf jeden Fall Beobachtungskriterien festlegen, nach denen die Filme bewertet werden. Damit stellen Sie sicher, dass auf das Wesentliche geachtet wird. Folgende Beobachtungskriterien haben sich bewährt:

- Wie viele W-Fragen werden gestellt?
- Wie viele Pausen hält der Verkäufer aus?
- Welche Kaufsignale gibt es?
- Welche Einwände werden erhoben und wie werden diese bearbeitet?
- Wo genau entsteht das Kaufmotiv?
- Wie gelingt die Abschlussphase?
- Wie werden Zusatzprodukte angesprochen?

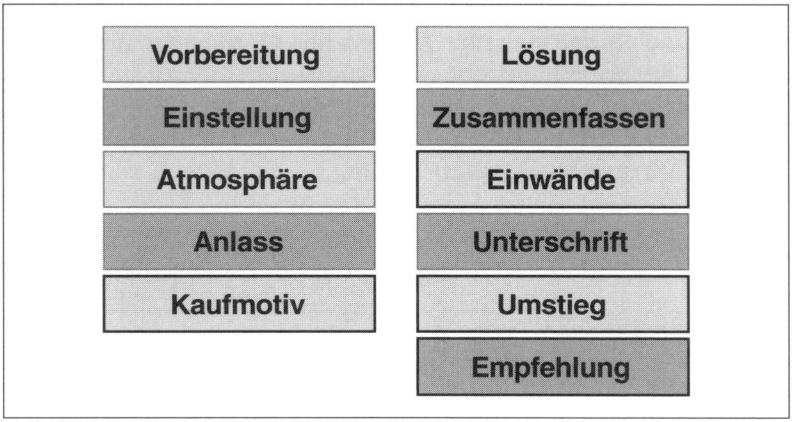

Der Ablauf des Verkaufsgesprächs

Auf das Bearbeiten des Kaufmotivs wird meist wenig Sorgfalt verwendet. Das Üben von Interviews wird Ihre Verkaufsmannschaft in dieser Richtung auf jeden Fall einen großen Schritt nach vorn bringen. Der zweite große Knackpunkt in Verkaufsgesprächen ist der Schritt vom Zusammenfassen zum Abschluss. Das Produkt ist „gekauft“ (das Kaufmotiv ist erzeugt), und trotzdem bringt der Kunde jetzt so knapp vor Schluss Einwände. Der Verkäufer versteht die Welt nicht mehr, weil der Kunde es sich jetzt plötzlich überlegen will. Wenn das der Fall ist, dann gibt es immer zwei Verlierer: den Kunden, der nun zwar ein klares Kaufmotiv hat, es aber nicht befriedigen konnte, und den Verkäufer, der nichts verkauft hat, obwohl er sich in der Beratung so sehr engagiert hat.

In der Regel fällt es Menschen nicht leicht, Kaufentscheidungen zu treffen, weil diese so etwas Endgültiges an sich haben. Wir wollen ja die Digitalkamera kaufen und haben uns auch schon seit Wochen Informationen beschafft. Nun stehen wir in diesem Geschäft, das Gerät gefällt uns ganz gut. Aber wir wollen noch überlegen. Wenn wir dann auf der Straße stehen, sind wir nicht zufrieden, weil die Kaufentscheidung wieder nicht getroffen worden ist. In der Abschlussphase scheidet sich unter den Verkäufern die Spreu vom Weizen. Wenn die Motivforschung gut gelaufen ist, dann hat der Kunde schon gekauft. An uns liegt es dann, ihm seine letzten Einwände auszuräumen, damit er endlich mit seinem Kauf nach Hause gehen kann. „Ich überlege es mir noch" heißt doch nur, dass der Kunde noch mehr bestätigt werden will, bevor er sich für den Kauf entscheiden kann. Also: Bestätigen Sie Ihren Kunden doch, indem Sie seine Aussagen wiederholen und mit den Vorteilen des Produkts in Einklang bringen. Und dann packen Sie das Ding endlich ein.

Für Sie als Führungskraft ergibt sich die Herausforderung, die Abschlussstärke Ihrer Mitarbeiter zu erhöhen. Üben Sie das Abschließen in Rollenspielen, nehmen Sie sich wirklich Zeit dafür. Die Zeit können Sie in Ihrem Wochenplan auf jeden Fall in der Rubrik „Direkte Führung" mit Mitarbeitern buchen.

VI. Die Empfehlung

Lernziel:

Verkäufer haben Formulierungen parat, mit denen sie den Kunden nach Empfehlungen fragen und führen das in der Praxis auch durch.

Das Kundengespräch ist gut gelaufen, der Kunde hat unterschrieben und ist hoffentlich gut gelaunt. Jeder Mensch kann die Frage nach der Empfehlung stellen: „Herr Kunde, jetzt habe ich Sie doch sehr gut beraten. Was glauben Sie, wer kann von meiner guten Beratung noch profitieren?" Solche oder ähnliche Fragen werden den Kunden veranlassen nachzudenken, ob ihm aus seinem privaten oder beruflichen Umfeld jemand einfällt, auf den die Dienstleistung oder das Produkt auch passen könnte. Und er wird einen Namen nennen – oder auch nicht.

Die Frage nach der Empfehlung ist weniger eine Frage der Arbeitstechnik als viel mehr eine Frage der Einstellung. Der Verkäufer muss den Kunden danach fragen, das nimmt ihm keiner ab.

Sprechen Sie in Ihren Gruppentreffen dieses Thema immer wieder an. Lassen Sie die entsprechenden Sätze üben. Lassen Sie Erfahrungen austauschen, aber gehen Sie keine Kompromisse ein. Die Empfehlung ist ein Bestandteil des Verkaufsgesprächs.

Was können Sie besser als Andere?

Die direkte Führung der Gruppe ist harte Arbeit, bei der es gilt, Techniken zu erlernen und zu trainieren. In diesem Kapitel haben Sie nun einen Überblick darüber bekommen, welche Techniken Sie mit Ihren Verkäufern in welcher Art trainieren können.

„Wozu haben wir dann die Ausbildungsabteilung?", werden Sie jetzt vielleicht fragen. Ausbildungsabteilungen haben die Aufgabe, eine zentral gesteuerte Grundausbildung und Weiterbildung der Verkäufer zu spezifischen (meist fachorientierten) Themen zu gewährleisten. Natürlich werden auch Verkaufsseminare angeboten, die von einzelnen Mitarbeitern besucht werden und zu Fortschritten führen. Das alles sollten Sie als wertvolle Unterstützung für Ihre Tätigkeit vor Ort verstehen, es ersetzt aber keineswegs Ihre Aufgabe, Verkaufsfertigkeiten mit Ihrer Mannschaft – abgezielt auf die speziellen Bedürfnisse Ihres Unternehmens – immer wieder zu trainieren. Direkte Führung ist unmittelbar am Geschehen. Sie fordert, zeigt auf, hilft – entweder in Einzelgesprächen oder aber bei Gruppenzusammenkünften. Lassen Sie keine Gelegenheit aus, Ihre Mitarbeiter direkt zu führen.

5. Eine Verkaufsregion startet durch – ein Beispiel für praktische Führungsarbeit

Die Grundvoraussetzung für den Erfolg eines Verkaufsgebietes ist ein gut durchdachtes Konzept, das Führungs- und Verkaufsprozesse erfolgreich regelt. Vom Vertriebsmanager über die regionalen Führungskräfte bis hin zu den Verkäufern sind alle gefordert, ihren Beitrag zu leisten. Der Erfolg ist dann sichergestellt, wenn die Beteiligen gemeinsame Konzepte erarbeiten und umsetzen können. Der Vertriebsmanager hat dabei die Funktion, klare Vorgaben zu machen, aber auch Spielräume festzulegen. Wie das in der Praxis aussehen kann, werden wir uns in diesem Kapitel ansehen.

Pilotseminar

Die Frage, wie denn Teilnehmer die Inhalte eines Seminars in die Praxis umsetzen werden, hat mich schon oft während meiner Verkaufs- und Führungskräftetrainings beschäftigt. Bei den Verkaufstrainings kann unmittelbar nachher fast immer eine deutliche Steigerung der Verkaufszahlen gemessen werden. Einige Teilnehmer nehmen den „Drive“ auch über eine längere Periode hin mit und verändern langfristig ihr Verkaufsverhalten, andere kehren wieder zu den früher etablierten Verhaltensweisen zurück. Je länger das Seminar zurückliegt, desto eher treten rote Linien wieder auf, und die Bereitschaft, diese zu überschreiten, nimmt wieder ab.

Aus diesem Grund habe ich meine Trainingskonzepte umgearbeitet und versuche, wo immer es möglich ist, langfristige Entwicklungsprozesse zu initiieren. Das geht dann besonders gut, wenn die Beteiligten, die in der Praxis täglich miteinander kooperieren (Führungskräfte *und* Verkäufer), an einem Seminar teilnehmen. Damit kann man Erwartungen aneinander stellen und Vereinbarungen für den Umgang miteinander vor dem Hintergrund einer beabsichtigten Entwicklung des Verkaufsgebietes wesentlich effizienter treffen.

Wenn man langfristig verändern will, ist es notwendig, dass die oberste Führungskraft eines Verkaufsgebietes (im folgenden Beispiel Vertriebsdirektor P.) voll und ganz hinter dem Projekt steht. Deshalb ist es sinnvoll, derartige Projekte in mehreren Phasen abzuwickeln. Der erste Schritt sollte ein Pilotseminar sein, an dem der Vertriebsdirektor mit seinen regionalen Führungskräften Grundsätze darüber vereinbart, wie Führen und Verkaufen in der Region in Zukunft ablaufen soll. Der Einsatz eines Moderators wird dabei das Erheben und Zusammenführen der Meinungen und Erfahrungen aller Teilnehmer erleichtern. Es ist darauf zu achten, dass eine gemeinsame Sichtweise entsteht und konkrete Handlungsweisen erarbeitet werden, damit das Umsetzen in die Praxis leichter fällt. Im zweiten Schritt sollten Workshops in den einzelnen Regionen angesetzt werden, die dann der Entwicklung eines regionalen Teams (regionale Führungskraft und seine Verkäufer) dienen. Dabei werden die vereinbarten Grundsätze des Pilotseminars umgesetzt.

In letzter Zeit konnte ich einige solcher Projekte als Trainer leiten. Ich will im Folgenden einen Prozess herausgreifen und beschreiben.

> Auftraggeber des Projekts war eine Regionaldirektion eines renommierten deutschen Finanzdienstleisters. Die Kontaktaufnahme ging von mir aus. Innerhalb meines persönlichen Netzwerks hatte ich erfahren, dass das Unternehmen einen großen Posten meines Buches „Auf dem Weg zum Profi im Verkauf" erworben und im Rahmen einer Tagung seinen etwa 200 Verkäufern zur Verfügung gestellt hatte. Diese Tatsache nahm ich gerne zum Anlass, um dort einmal nachzufra-

gen, unter welchen Voraussetzungen denn Interesse an einer Kooperation im Seminarbereich bestehen könnte.

Im ersten Gespräch mit dem Verkaufsdirektor der Region, Herrn P., wurde mir die Struktur der Verkaufsdirektion erläutert. Es gab acht Verkaufsgebiete, die jeweils von einem Regionaldirektor geführt wurden. Die Regionaldirektoren führten zwischen acht und sechzehn Verkäufer. Die Aufgaben der Funktion waren so beschrieben, wie ich sie auch von anderen Unternehmungen kannte: Unternehmensziele erreichen, Mitarbeiterführung, Ausbildung (insbesondere Training-on-the-Job), neue Mitarbeiter suchen und einarbeiten.

Nach mehreren Telefonaten war klar, dass wir ein gemeinsames Projekt starten wollten. Der erste Schritt sollte in einem Pilotseminar bestehen, an welchem Verkaufsdirektor P. und seine regionalen Verkaufsdirektoren teilnehmen sollten. Im zweiten Schritt sollten dann Workshops in den einzelnen Regionen durchgeführt werden. Als Teilnehmer dafür war der jeweilige Regionaldirektor mit ca. zwölf seiner Verkäufer vorgesehen.

Das Pilotseminar fand in einem sehr schönen Seminarhotel statt. Herr P. legte großen Wert auf ein angenehmes Ambiente. Er wollte sich damit bewusst bei seinen Führungskräften für die gute Arbeit im ersten Halbjahr bedanken und seine Wertschätzung zum Ausdruck bringen.

Meiner Erfahrung nach wird der Einfluss einer guten Umgebung auf das Gelingen eines Seminars oft unterschätzt. Das Öffnen für neue Sichtweisen geht in einem professionell geführten Seminarhotel allemal leichter als im Sitzungsraum eines Unternehmens. Wichtig ist auch, dass die Teilnehmer am Seminarort schlafen. In den Gesprächen während der Pausen und am Abend beschäftigt man sich weiter mit den Seminarthemen. Damit wird vertieft und gefestigt. Der gruppendynamische Effekt für das Verkaufsteam wird außerdem wesentlich verstärkt.

Mir fällt gleich zu Beginn die gute Stimmung dieser Gruppe auf. Wir klären Organisatorisches, und dann geht es schon los. Wir beginnen mit den Einstiegsfragen (vgl. S. 21), und es zeigt sich wieder das Bild, das ich bei Führungsseminaren schon so oft gesehen habe:

- Großer Spaß am Job.
- Hoher Grad der Überzeugung, dass es möglich ist, Menschen zu bewegen.
- Unzufriedenheit damit, wie es bisher gelungen ist, die eigenen Verkäufer zu entwickeln.

Die Bewertung hat übrigens mit der Art des Settings nichts zu tun. Man könnte ja vermuten, dass die Teilnehmer nur deshalb so bewerten, weil ihre Führungskraft dabei ist. Ich habe diese Abfrage aber auch schon mehrmals in offenen Führungsseminaren gemacht, mit Teilnehmern aus unterschiedlichen Branchen und Unternehmen. Im Großen und Ganzen kommt dabei immer dasselbe heraus.

Man kann die Ergebnisse dieser Abfragen also durchaus ernst nehmen und überlegen, warum die Ergebnisse immer wieder so ausfallen. Vor allem die dritte Frage ist von Bedeutung. In der Bewertung dieser Frage wird immer die Unzufriedenheit darüber ausgedrückt, wie es den Einzelnen bisher gelungen ist, ihre Mitarbeiter zu motivieren.

Führungskräfte spüren, dass das Potenzial der meisten Verkäufer viel größer ist als die Leistung, die sie abliefern. Sie wissen auch, dass es ihre Verantwortung ist, sich darum zu kümmern, aber das passiert selten konsequent genug. Man gibt sich viel zu schnell mit Versprechungen des Mitarbeiters zufrieden und ist auch nicht wirklich konsequent beim Vereinbaren und Einfordern von konkreten Aktivitäten.

Als wir uns später mit den roten Linien (vgl. S. 33 ff.) von Führungskräften beschäftigten, wurde dieser Sachverhalt noch deutlicher. Die größte rote Linie der Führungskräfte ist immer wieder die direkte und konsequente Führungsarbeit. Man versteckt sich gerne hinter administrativen Tätigkeiten, weil man den Prozess der direkten Auseinandersetzung mit den Mitarbeitern nach Möglichkeit vermeiden will. Wer nicht konsequent an dieser roten Linie arbeitet, wird langfristig mit seinen Erfolgen als Führungskraft nicht zufrieden sein.

Die anschließende Diskussion zu diesen Themen gestaltet sich sehr interessant. Es gibt fast von allen Teilnehmern Beiträge, und ich spüre, dass sie sehr betroffen sind.

Herr H.: Es ist eben schwer, wenn man als Vertriebsdirektor jetzt der Chef einer Mannschaft ist, zu der man früher selbst gehört hat.

Herr Pr.: Verkäufer sind sehr selbstständige Personen, die sich nicht gerne kontrollieren lassen.

Herr F.: Wir sind angehalten, von den Verkäufern immer mehr zu fordern. Irgendwann ist der Plafond erreicht.

Wir sehen uns dann einige Punkte genauer an. Das aktuelle Thema ist die Orientierung innerhalb des Unternehmens (vgl. S. 67 ff.). Ich bereite ein Flipchart vor. Am oberen Ende des Blattes steht *„nächsthöhere Führungsebene"*, am unteren Ende des Blattes *„meine Verkäufer"*. Dann bitte ich die Führungskräfte (alle, außer den Verkaufsdirektor), sich mittels eines Moderationspunktes zwischen diesen beiden Ebenen dort zu platzieren, wo sie glauben, dass sie sich momentan befinden. Es ergibt sich ein eindeutiges Bild: Alle Teilnehmer befinden sich im unteren Teil des Blattes, also nahe bei ihren Mitarbeitern. Wir lassen das Bild einige Zeit wirken, dann wende ich mich an den Verkaufsdirektor:

Trainer: Herr P., was sagen Sie zu diesem Bild?

Herr P.: Ich bin betroffen.

Trainer: Hätten Sie dieses Ergebnis erwartet?

Herr P.: Wenn ich darüber nachdenke, deckt sich das Bild ziemlich genau mit dem, was ich in den letzten Monaten erlebt habe.

Es herrscht allgemeine Betroffenheit, weil ein Bild im Raum steht, dessen Aussage alle Betroffenen zwar schon erahnt, aber bisher nicht bewusst wahrgenommen hatten.

Es ist nachvollziehbar, wenn sich Menschen zu anderen Menschen hingezogen fühlen und lieber die Nähe der Gruppe suchen, als sich von ihr funktional zu distanzieren. Besonders nachvollziehbar ist dieses Bedürfnis für Führungskräfte, die unmittelbar aus der Gruppe herausgewachsen sind.

☛ *Distanz zur Gruppe ist aber unbedingt notwendig, wenn ein Führungsprozess stattfinden soll. Wer als Führungskraft langfristig überleben will, der schafft das nur, wenn er sich auf dem oben beschriebenen Flipchart ziemlich genau in der Mitte platzieren kann. Führungskraft zu sein heißt, sich zwischen zwei Ebenen zu befinden und es nicht zugleich beiden recht machen zu können. Damit sind immer Spannungen verbunden, die wir persönlich erleben, die aber mit uns als Person nichts zu tun haben. Am unmittelbarsten kann dieses Spannungsfeld in der ersten Führungsebene erlebt werden, also dort, wo ein Team geführt werden soll. Distanz zu wahren fällt uns an dieser Stelle der Hierarchie am schwersten.*

Die nachfolgende Einheit ist nun der Frage gewidmet, wie man sich als Führungskraft aus diesem Dilemma am ehesten befreien kann. Und dabei kommen wir schnell zu meinem Lieblingsthema, dem Fragenstellen.

Fragen stellen und die Pause danach auszuhalten. Das ist und bleibt der einzige Weg, wie Kaufmotive (im Verkaufsgespräch) oder Handlungsmotive (im Führungsgespräch) entstehen. Es gab in den letzten sieben Jahren meiner Tätigkeit als Trainer noch keinen Teilnehmer, ob Verkäufer oder Führungskraft, der nicht bestätigt hätte, dass das der richtige Weg ist. Es gibt aber auch in den Rollenspielen mit der Videokamera kein größeres Manko, als gute Fragen zu stellen und Pausen zu machen. Dann wundern wir uns, wenn Kunden nicht kaufen oder Verkäufer nicht dazu bewogen werden können, über ihre Verhaltensweisen beim Kunden nachzudenken.

Im Führungsgespräch neigen wir dazu, Rückmeldung über Sachverhalte zu geben, die nicht so gut funktioniert haben. Das geschieht aber oft nur halbherzig, weil wir den Konflikt mit dem Mitarbeiter nicht wirklich austragen wollen oder können. Oder wir präsentieren Zahlen, die ohnedies jeder kennt und auch nur selten ein Anlass dafür sind, dass der Mitarbeiter sein Verhalten verändert. Als Fragensteller schlüpfen wir aber in eine ganz andere Rolle hinein. Wir klagen nicht an, wir reden auch nicht um den heißen Brei herum, sondern sprechen Sachverhalte genau in der Form an, in der sie den Verkäufer betreffen und er außerdem zum Nachdenken angeregt wird. Damit nehmen wir das Konfliktpotenzial aus der Rolle Führungskraft heraus und verlagern die Handlungskompetenz zum Verkäufer.

Die Teilnehmer berichten von den Gesprächen mit ihren Verkäufern und beschreiben, dass es tatsächlich vor allem um Zahlen geht und sie selbst einen großen Teil der Redezeit in Anspruch nehmen. Wir wollen das Fragenstellen im Führungsgespräch als Mittel zur Bewusstwerdung von Potenzialen erörtern und erarbeiten in Gruppenarbeiten „gute Einstiegsfragen für ein Führungsgespräch“. Dabei werden typische Ausgangssituationen beschrieben und für die Besprechung mit dem Mitarbeiter gute Fragen überlegt:

- *Mitarbeiter ist seit langer Zeit in einem Formtief.*
  - Einstiegsfrage: „Herr M., was glauben Sie, worüber wir heute reden sollten?“ ... Pause!!

- *Mitarbeiter ist in der Summe sehr gut, verkauft aber kaum Pensionsvorsorgen.*
  - Einstiegsfrage: „Herr M., wo kaufen Ihre Kunden ihre Pensionsvorsorge?“ ... Pause!!
- *Mitarbeiter arbeitet gut im eigenen Kundenbestand, bringt aber kaum Neukunden.*
  - Einstiegsfrage: „Herr M., was glauben Sie denn, wie Sie Ihre Neukundenquote verbessern könnten?“ ... Pause!!
- *Mitarbeiter ist aus gewachsenen Strukturen heraus ein Einspartenverkäufer.*
  - Einstiegsfrage: „Herr M., unter welchen Voraussetzungen würden Sie in Zukunft mehrere Sparten unserer Produktpalette ansprechen?“ ... Pause!!
- *Herr M. ist ein arrivierter Mitarbeiter, der seine Erfahrungen nicht gerne an Jüngere weitergibt.*
  - Einstiegsfrage: „Herr M., Sie haben vor X Jahren in unserem Unternehmen angefangen zu arbeiten. Was haben Sie damals von arrivierten Kollegen gelernt?“ ... Pause!!
- *Herr M. erfüllt seine Ziele, hätte aber mehr Potenzial.*
  - Einstiegsfrage: „Herr M., wie würden Sie als Führungskraft mit einem Mitarbeiter umgehen, von dem Sie wissen, dass er deutlich bessere Ergebnisse bringen könnte?“ ... Pause!!
- *Mitarbeiter hat das Jahresziel schon Ende November erreicht und gibt sich damit zufrieden.*
  - Einstiegsfrage: „Herr M., welche Aktivitäten haben Sie bis Jahresende geplant?“ ... Pause!!

Solche und ähnliche Ergebnisse aus den Gruppenarbeiten wurden präsentiert. Der nächste Schritt bestand darin, ein unternehmenstypisches Blatt zur Beurteilung der Leistung der Verkäufer zu entwickeln (vgl. S. 92). Danach erhielt jeder Teilnehmer die Aufgabe, anhand dieser Unterlage zwei seiner Verkäufer auf der Skalierung zu beurteilen.

Im Seminarraum machte sich Aufbruchstimmung breit. Ich hatte das Gefühl, dass die Teilnehmer nun Mittel und Werkzeuge in der Hand hatten, nach denen sie – zumindest unbewusst – schon lange gesucht hatten. Ich gehe davon aus, dass Tools solcher Art bestimmt schon in der einen oder anderen Form im Unternehmen verwendet wurden. Schließlich handelt es sich bei diesem Unternehmen um einen sehr erfolgreichen deutschen Finanzdienstleister. Es hat aber immer noch eine andere Qualität, wenn Menschen in den Entwicklungsprozess so einbezogen werden, dass sie die Notwendigkeit von normierten Unterlagen erkennen und auf ihre eigenen Bedürfnisse hin zuschneidern können. Und weil Gefühle nicht unterdrückt, sondern im Gegenteil in der Moderation bewusst gefördert worden sind, sind Unterlagen entstanden, auf die die Teilnehmer besonders stolz sind.

Im nächsten Schritt werden Beobachtungskriterien zur Beurteilung der später folgenden Rollenspiele festgelegt, um den Fokus nochmals zu schärfen. Die Durchführung der Rollenspiele erfolgt derart, dass immer nur ein Gespräch mit Kamera im Raum stattfindet. Damit hat man die Ruhe, für eine Situation mehrere Varianten zu üben bzw. die Kamera an kritischen Situationen zu stoppen und gemeinsam zu überlegen, wie es weitergehen soll. Parallel dazu führt der Rest der Gruppe in anderen Räumen ebenfalls Führungsgespräche durch. Es gibt eine Führungskraft und einen Verkäufer, die anderen beobachten und geben später Feedback über das, was ihnen aufgefallen ist.

Die Rollenspiele verlaufen wie immer äußerst spannend. Die Führungskraft instruiert denjenigen, der den Verkäufer spielt, welche typischen Verhaltensweisen der Verkäufer an den Tag legt und wie er im Beurteilungsblatt abschneidet. Die Führungskraft muss ein Ziel definieren, das sie in diesem Gespräch erreichen will. Dann geht es los.

Kritische Situationen in den Gesprächen entstehen am ehesten dann, wenn die Führungskräfte zu viel reden und den Verkäufer zu wenig aus der Reserve locken. Der Verkäufer schaltet dann schnell auf „Durchzug“, und das Gespräch endet oft ohne wirkliches Ergebnis. Eine typische Situation möchte ich schildern:

Führungskraft: „Ich habe festgestellt, dass wir in unserem Gebiet bezüglich der Neukundenakquise ganz gut im Ziel liegen. Leider sind Ihre Leistungen in diesem Bereich nicht sehr zufrieden stellend. Sie müssen sich in dieser Hinsicht einfach mehr anstrengen.“

Wir stoppen die Kamera, und die Führungskraft weiß sofort, warum. Mit dieser Aussage kann der Verkäufer nun gar nichts anfangen. Er wird abgeurteilt und erhält nicht einmal die Möglichkeit, seine Sichtweise einzubringen. In der Praxis hätte man mit dieser Aussage wohl kaum eine Veränderung im Verhalten des Verkäufers erreicht.

Die Führungskraft denkt kurz nach und spielt diese Situation ein zweites Mal:

Führungskraft: „Herr M., überlegen wir doch gemeinsam, welchen Vorteil Sie davon haben, wenn Sie in Zukunft auf die Neukundenwerbung mehr Augenmerk legen.“

Damit ist der Führungskraft ein hervorragender Einstieg in den Gesprächsteil „Neukundenakquise“ gelungen. Auf eine sehr gute Einstiegsfrage folgten weitere gute Vertiefungsfragen und Pausen, sodass sich der Verkäufer selbst ein Bild davon machen konnte, warum die Neukundenakquise für seine weitere Entwicklung so wichtig ist und wie er dieses Problem in der täglichen Praxis beim Kunden am besten in den Griff bekommt. Beim gemeinsamen Videostudium mit der Gruppe lösen die „Vorher-“

und „Nachher-“Szenenausschnitte immer heitere Stimmung aus. Es wird einfach drastisch vorgeführt, was wirkt und was nicht wirkt.

Das Pilotseminar neigte sich dem Ende entgegen. Ich hatte das Gefühl, dass wir zum Thema „Führen im Vertrieb“ in diesem konkreten Unternehmen einen wichtigen Schritt vorangekommen sind. Aber es war noch ein wichtiger Punkt offen. Wir hatten ja im Vorfeld vereinbart, weitere Seminare in den regionalen Verkaufsgebieten durchzuführen, sofern das Pilotseminar den Erwartungen entspricht. Es wurde also darüber gesprochen, aber verkauft waren die Seminare deswegen noch lange nicht. Es war an der Zeit, darüber zu reden, und ich stellte folgende Frage:

Trainer: „Nehmen wir einmal an, es gäbe in der Region Seminare mit Ihnen und Ihren Verkäufern. Wie müssten diese Seminar ablaufen?“ ... Pause!!

In solchen Verkaufssituationen spüre ich immer wieder am eigenen Leib, wie schwer es ist, solche Pausen in entscheidenden Situationen auszuhalten. Die paar Sekunden Stille kommen mir jedes Mal wie eine Ewigkeit vor. Der Kunde hatte sein Kaufmotiv, die Leute haben mich im Seminar erlebt und mehrmals deutlich gemacht, dass diese Inhalte genau zu ihnen passen. Trotzdem, die Pause auszuhalten ist sehr schwer. Nur jetzt nichts sagen und den Entscheidungsprozess stören, dachte ich mir. Endlich erbarmte sich Herr H.:

Herr H.: „Ich kann mir sehr gut vorstellen, so ein Seminar bei mir im Gebiet abzuhalten ...“

Im Folgenden ging es dann um die Inhalte. Natürlich spielte auch das Budget eine Rolle, aber es kam für mich ein sehr schöner Auftrag mit vier Seminaren in der Region heraus.

Workshop in der Region

Die zweitägigen Worksshops in den Verkaufsgebieten hatten im Großen und Ganzen denselben Ablauf, wie er von den Führungskräften im Pilotseminar festgelegt worden ist. In einem Gebiet wurde auf Wunsch der Führungskraft direkt im Seminar telefoniert, weil sie die Frequenz der Kundentermine in seinem Verkaufsgebiet als das größte Manko erachtete. In einem anderen Gebiet lag der Schwerpunkt im Umgang mit den roten Linien der einzelnen Verkäufer. Bei allen Workshops wurden Verkaufs- und Führungsgespräche mit der Videokamera geübt und Regeln für die Kommunikation innerhalb der Teams festgelegt.

Mit den Führungskräften hatte ich vereinbart, schon in den Einstiegsfragen auch auf die Zusammenarbeit zwischen Führungskraft und Verkäufern abzuzielen. Folgende Fragen wurden gestellt und mittels Moderationspunkten auf einem Flipchart in einer Skala von 1 bis 10 bewertet:

- **1. Wie sehr macht mir mein Job Spaß?**
  Wertungen: Zwischen 7 und 10
- **2. Wie gut schätze ich meine aktuellen Marktchancen ein?**
  Wertungen: Zwischen 6 und 10
- **3. Wie gut habe ich diese Chancen bisher genutzt?**
  Wertungen: Zwischen 5 und 9
- **4. Wie zufrieden bin ich mit meiner Führungskraft?**
  Wertungen: Zwischen 2 und 10

Die Ergebnisse zu den ersten drei Fragen waren für mich keine Überraschung und deckten sich mit anderen Verkaufsseminaren. Verkäufern macht ihr Job in der Regel Spaß, sie erkennen auch ihre Marktchancen und wissen, dass sie Potenziale ungenutzt lassen. Wie viel mehr sie zu leisten imstande wären, zeigen sie, wenn ein Wettbewerb ansteht oder eine konkrete Drohung durch einen Vorgesetzten im Raum steht. Der innere Schweinehund ist leider ein ständiger Begleiter. Verkäufer springen aber sehr rasch auf einen Zug auf, wenn man ihnen zeigt, wie sie mit kaum nennenswertem Mehraufwand wesentlich mehr erreichen können.

Das Ergebnis der Frage 4 verdient jedoch eine genauere Betrachtung. Zuerst einmal muss man sich die Frage stellen, ob es überhaupt zielführend ist, eine solche Frage zu Beginn eines Seminars in den Raum zu stellen. Ich bin ganz sicher, dass man auf dem richtigen Weg ist, wenn man Konflikten, die in einem System schwelen, zum Durchbruch verhilft. Man muss dann aber sehr vorsichtig mit der Aufarbeitung umgehen und ein Klima herstellen, in dem man zwar sagen darf, was man denkt, aber dabei andere nicht verletzt.

In allen vier Gruppen entstand an dieser Stelle eine Diskussion über den Umgang miteinander. Erwartungen wurden ausgetauscht, Konflikte angesprochen und bearbeitet. Als Moderator habe ich versucht, die zentralen Punkte der Diskussion herauszuarbeiten und festzuhalten, was man im Team in Zukunft darunter verstehen will. Im Folgenden nun die einzelnen Punkte einer Seminargruppe:

- **Eigenverantwortung**
  Jeder Verkäufer ist für die Erreichung seiner Ziele selbst verantwortlich. Er ist angehalten, seine Jahresziele derart auf die Arbeitswochen aufzuteilen, dass immer eine angemessene Reserve bleibt.

- **2. Paktfähigkeit**
  Der Verkäufer bemüht sich, einmal vereinbarte Ziele zu erreichen. Die Führungskraft will davon ausgehen, dass sie sich auf das, was vereinbart ist, auch wirklich verlassen kann.

- **3. Führungskraft als Ressource nutzen**
  Der Verkäufer kontrolliert sich selbst im täglichen Arbeitsablauf und achtet genau darauf, ob er noch auf dem richtigen Weg ist. Bei Auftreten von Problemen versucht er eine Ana-

lyse und sucht von sich aus die Führungskraft auf, um gemeinsam konkrete Lösungsmöglichkeiten zu erarbeiten.

- **4. Zeitmanagement der Führungskraft**
  Die Führungskraft wird bestimmte Zeiten bekanntgeben, wann sie an welchem Ort des Verkaufsgebietes für Entwicklungsgespräche mit den Mitarbeitern zur Verfügung steht und sich daran halten.

- **5. Produktfamilie**
  Verkäufer kümmern sich um den Vertrieb aller Produkte des Hauses. Eine Schwerpunktaktion in einem Produkt darf nicht als Ausrede dafür gelten, dass der Verkauf der anderen Produkte zurückgeht.

- **6. Aktualität der Vereinbarung**
  Die Gruppe beschließt, diese Eckpunkte als Grundlage für die Kommunikation im Team einmal im Quartal nach Aktualität zu überarbeiten.

Ich hatte das Gefühl, dass mit diesem Katalog die wesentlichen Punkte getroffen worden sind. Ich hatte auch den Eindruck, dass die Führungskraft mit ihren Verkäufern noch nie so offen gesprochen hatte. Das Zulassen dieser emotionalen Themen hat den weiteren Seminarverlauf sehr günstig beeinflusst. Nach dem Motto „das wäre besprochen, lasst uns nun arbeiten“ hat sich die weitere Arbeit mit der Seminargruppe äußerst produktiv gestaltet.

Der nächste Schritt war das Bearbeiten der roten Linien. Jeder Verkäufer hat die Knackpunkte erkannt, die ihn auf seinem Weg zum Profi im Verkauf am ehesten weiterbringen. Es gab dann eine Vereinbarung mit der Führungskraft, welche roten Linien der einzelne Verkäufer in den nächsten beiden Wochen besonders intensiv bearbeiten wird. Die rote Line „Frage nach der Empfehlung“ traf auf alle Verkäufer zu. Als weitere rote Linien wurden „Abschlussfrage stellen“, nach dem Abschluss „andere Sparten ansprechen“ und „Fragen und Pausen“ erwähnt. Das Ansprechen von anderen Sparten nach dem Abschluss wurde als wirkungsvolle Methode erkannt, mit wenig Aufwand mehr zu erreichen und bezüglich der Verkaufsergebnisse in allen Sparten nie nachzuhinken.

Der Punkt „andere Sparten“ als rote Linie ist in allen Verkaufsseminaren ein Thema. Verkäufer berichten immer wieder, dass sie nach dem Abschluss im Anschluss daran vergessen, andere Sparten anzusprechen. Erst wenn sie dann wieder im Auto sitzen, merken sie, welch große Verkaufschance sie eben vertan haben. Mit dem Nutzen des Point of Sale kann nach einem Seminar das am raschesten sichtbare Ergebnis erzielt werden. Meiner Ansicht nach liegt der Grund für den Einspartenverkauf auch nicht im Vergessen, sondern einfach in der Bequemlichkeit, die rote Linie nicht zu überschreiten. Wir beruhigen uns dann gerne selber mit Ausreden wie z.B. „der Kunde hatte das bestimmt schon“ oder „ich will den Kunden nicht überfordern“. Das bewusste Erkennen des Mechanismus der roten Linie erleichtert den Verkäufern, das Verhalten in diesem Punkt zu verändern. Man muss ihnen aber auch das richtige Werkzeug mit auf den Weg geben. In diesem Fall ist es das Entwickeln und Lernen von jederzeit abrufbaren einfachen Einstiegsfragen für den Zusatzverkauf. Wenn dann noch die Führungskraft dieses Wissen durch ständiges Training mit den Mitarbeitern am Leben erhält, ist eine Umsetzung in die Praxis am ehesten gewährleistet.

In allen vier Gruppen haben wir uns ausführlich mit dem Thema Fragen und Pausen beschäftigt. Wir entwickelten einen Katalog von typischen Einstiegs- und Vertiefungsfragen für die Produkte des Unternehmens. Es gab Rollenspiele mit Video, in denen diese Punkte besonders geübt wurden.

Die bedeutendste Lernerfahrung aller Verkäufer aller Branchen in meinen Seminaren ist immer wieder der Umgang mit Fragen und Pausen. Verkäufer sagen schnell einmal, sie stellen doch dauernd Fragen und sehen sich dann selbst im Rollenspiel, wie schwer ihnen das doch fällt und welch große Wirkung sie erzielen, wenn sie dieses Schema konsequent durchhalten.

Gegen Ende des Seminars wurde ein „echtes" Führungsgespräch durchgeführt. Die Führungskraft saß mit einem Verkäufer im Raum, wir zeichneten das Gespräch auf Video auf. Die anderen Teilnehmer übten inzwischen Verkaufsgespräche.

Als wir dann das Video gemeinsam analysierten, gab es ganz erstaunte Rückmeldungen der Teilnehmer, wieso sich denn die Führungskraft plötzlich so anders verhalte. Ein Dialog zwischen der Führungskraft und dem Verkäufer während der Aufarbeitung des Videos ist mir noch gut in Erinnerung:

Führungskraft:	„In diesem Gespräch haben wir einen großen Schritt nach vorne gemacht!"
Verkäufer:	„Das stimmt, so sehr wie heute haben Sie mich noch nie gefordert!"
Führungskraft:	„Wieso haben Sie sich denn in den bisherigen Gesprächen nie so kooperativ gezeigt?"
Verkäufer:	„Sie haben mich ja nie zu Wort kommen lassen!!"

Nachdem das allgemeine Lachen wieder verebbt war, gab es noch ein paar Kommentare darüber, dass diese Art von Gesprächen genau der richtige Weg ist, wenn man sich in Zukunft gemeinsam entwickeln will. Die Führungskraft vereinbarte mit allen Mitarbeitern Termine für Führungsgespräche in den nächsten beiden Wochen. Den Mitarbeitern wurde das Beurteilungsblatt für Verkäufer, das wir gemeinsam im Pilotseminar ausgearbeitet hatten, ausgeteilt, mit der Bitte, bis zum Gesprächstermin mit der Führungskraft eine Selbsteinschätzung zu treffen. Die Seminare endeten mit einer kurzen Zusammenfassung des Trainers über die wichtigsten Inhalte.

Ich habe schon zu Beginn dieses Kapitels ausgeführt, dass die effizienteste Art, ein Verkaufsgebiet langfristig zu entwickeln, am ehesten dann gewährleistet ist, wenn ein Workshop des Verkaufsgebietes (Führungskraft *und* Verkäufer) stattfindet. Dieses Setting hat viele Vorteile:

- **Gruppendynamik**
  Der Umgang miteinander im Team wird ausführlich erörtert. Man gibt der Dynamik der Gruppe einen entscheidenden Impuls, wenn man ermöglicht, Konflikte anzusprechen und auszutragen bzw. Regeln für die zukünftige Kooperation zu vereinbaren.

- **Gemeinsam erlebte Inhalte**
  Das gemeinsame Erarbeiten diverser Themen wirkt sich später in der Kommunikation der Gruppe aus. Nehmen wir zum Beispiel die „rote Linie“: Im Seminar sind wir uns darüber einig geworden, dass wir selbst unseren Verkaufserfolg bestimmen, indem wir entscheiden, eine rote Linie entweder zu überschreiten oder eben nicht. Wenn wir es nicht getan haben, dann reagieren wir gerne mit Ausreden (Der Kunde hat das bestimmt schon, Sommerloch ...). Wenn dieser Mechanismus im Seminar gemeinsam durchleuchtet worden ist, hat es wohl keinen Sinn mehr, im Gespräch mit der Führungskraft nach Ausreden zu suchen. Es wird eher darum gehen, Lösungen zu entwickeln.

- **Führungsgespräch**
  Die Durchführung von effizienten Führungsgesprächen ist ein zentraler Punkt für die Entwicklung eines Verkaufsteams. Im Seminar haben alle zumindest ein solches Gespräch auf Video gesehen und sich über die Vorteile der Fragetechnik geeinigt, wenn es darauf ankommt, andere zu bewegen. Wenn diese Gespräche dann in der Praxis genauso ablaufen, wird das keinen Verkäufer mehr verwundern. Im Gegenteil, er wird darauf warten, gefordert zu werden.

- **Üben von Verkaufstechnik**
  Der letzte wichtige Punkt in diesem Zusammenhang ist das Üben von Verkaufstechnik mit der Gruppe. Im Seminar werden zu einzelnen Phasen des Verkaufsgesprächs (Einstiegs-

satz am Telefon, Einwände am Telefon und im Gespräch, Einstiegs- und Vertiefungsfragen ...) Handouts entwickelt und verteilt. In Trainings ohne Führungskraft frage ich die Teilnehmer diese Unterlagen immer wieder ab, wenn eine Führungskraft dabei ist, dann überlasse ich ihr diesen Part. So werden die Teilnehmer daran gewöhnt, dass die Führungskraft das nächste regionale Meeting mit dem Training von Verkaufstechniken beginnt. Damit bleiben diese Tools immer aktuell abrufbar.

Zu Beginn dieses Kapitels habe ich erwähnt, dass die wirksamste Entwicklung eines Verkaufsteams durch einen Workshop mit allen Beteiligten erreicht werden kann. Bei der Lektüre konnten Sie nachvollziehen, warum ein solches Vorgehen langfristig am sinnvollsten ist. Die Intensität der Auseinandersetzung der Teilnehmer mit den Erlebnissen während des Seminars merke ich an der Vielzahl der Rückmeldungen, die per Mail oder Post bei mir eintreffen. Nach offenen Seminaren sind diese Rückmeldungen bei Weitem nicht so zahlreich. Gerne sehe ich mir jeden Tag, an dem ich im Büro bin, die Tischkarte an, die mir Herr H. nach dem Seminar zukommen ließ. Darauf steht: „Danke für sehr hilfreiche Impulse."

Grundsätzlich spricht nichts dagegen, dass Sie solche Entwicklungsprozesse in Ihrem Unternehmen ohne externe Moderation initiieren. Wichtig ist, dass sie überhaupt stattfinden. Oft werden solche Moderationen dann von Leuten aus der Ausbildungsabteilung des Unternehmens durchgeführt. Wenn die Führungskraft selbst als Moderator auftritt, ist darauf zu achten, dass der Sinn und die Struktur einer solchen Veranstaltung klar kommuniziert und eingehalten werden.

Der Vorteil der Moderation durch einen externen Partner ist, dass dieser unvoreingenommen und ohne „Geschichte" im Unternehmen auf die Teilnehmer zugehen kann und ihm keine der beteiligten Gruppen (Führungskräfte und Verkäufer) von vornherein bestimmte Absichten unterstellt. Wenn Sie sich für einen externen Partner entscheiden, dann achten Sie darauf, dass dieser sich nicht nur mit Verkaufs- und Führungsthemen sehr gut auskennt, sondern auch die Fähigkeit besitzt, gruppendynamische Prozesse steuern zu können.

6. Wie kann das Management Unterstützung bieten?

Wie gut oder schlecht Ihre Führungskräfte in den einzelnen Vertriebsbereichen arbeiten, merken Sie unmittelbar an den Ergebnissen. Je mehr Zeit eine Führungskraft vor Ort für direkte Führung zur Verfügung hat, desto besser werden die Ergebnisse sein, natürlich unter der Voraussetzung, dass die Freiräume auch wirklich für die Führungsarbeit genutzt werden.

Damit das passieren kann, muss auch das Top-Management im Vertrieb seinen Beitrag leisten.

- Sagen Sie Ihren Führungskräften, was Sie unter direkter Führung verstehen, und machen Sie deutlich, dass es Ihnen wichtig ist, dass genau so geführt wird.
- Machen Sie das Entlohnungssystem von genau diesen Faktoren abhängig. Konzentrieren Sie sich vorerst nicht so sehr auf die Zahlen, sondern mehr auf die Qualität der Führungsarbeit, die draußen passiert. Die Umsatzzahlen entwickeln sich dann automatisch.
- Versuchen Sie, Arbeitsabläufe in Ihrem Unternehmen, insbesondere bürokratische Abläufe, Reporting und Entscheidungsprozesse, so zu vereinfachen, dass sie nicht mehr Zeit in Anspruch nehmen als unbedingt notwendig.
- Lassen Sie sich von geplanten Führungsaktivitäten Ihrer Führungskräfte hin und wieder im Vorhinein Termine und Orte nennen. Wenn Sie dann einmal unangemeldet bei einem Zielgespräch oder einem Telefontraining „aufkreuzen“, können Sie sich persönlich davon überzeugen, dass diese Aktivitäten auch wirklich stattfinden. Durch Ihre persönliche Anwesenheit zeigen Sie aber auch, wie wichtig es Ihnen ist, dass solche Maßnahmen durchgeführt werden.

- Auch das Management sollte über die einzelnen Phasen des Verkaufsprozesses Bescheid wissen und sich mit den Verkaufstechniken auskennen. Es überzeugt Verkäufer, wenn der „Big Boss“ auch weiß, was man dem Kunden, der keine Zeit hat, bei der telefonischen Terminvereinbarung sagt.

Ihre Vertriebsergebnisse hängen unmittelbar mit der Qualität der Führungsarbeit vor Ort zusammen. Stärken Sie deshalb Ihren Führungskräften den Rücken, und befreien Sie sie so weit wie möglich von administrativen Abläufen.

Zeigen Sie ihnen, was Sie sich bezüglich der Wahrnehmung der Rolle als Führungskraft erwarten, und stellen Sie sicher, dass genau so geführt wird. Dann erreichen auch Sie als Manager mit Ihrem Team locker Ihre Umsatzziele.

7. Wer führen will, muss zuerst sich selbst führen

Konsequenz ist leider etwas, was uns auch im Umgang mit uns selbst oft sehr schwerfällt. Wie oft haben wir uns schon etwas vorgenommen und dann wieder verworfen, weil es uns doch zu unbequem war, die Sache durchzuziehen? Die Diät hat wieder nicht funktioniert, das Konfliktgespräch mit dem Sohn hat immer noch nicht stattgefunden, und den Zigarettenkonsum haben wir auch noch nicht eingeschränkt. Wie aber wollen wir andere führen, wenn wir uns selbst nicht führen können?

Wenn wir andere führen, dann geht es vor allem um das Vorbild. Kinder ahmen sowieso sofort alles nach. Sie übernehmen Gesten, Handlungen und Ausdrücke von Erwachsenen, und wir wundern uns dann oft, woher die Kinder das haben. Aber auch Erwachsene lernen durch Vorbild, und das möchte ich Ihnen, liebe Führungskräfte, wirklich ans Herz legen: Zeigen Sie genau das, was Sie von anderen erwarten.

Es geht darum, bewusst zu leben und bewusst zu führen und sich wieder einmal mit Werten zu beschäftigen, die uns im Leben wirklich wichtig sind.

Wichtig ist, dass Sie Spaß am Leben haben, aber bewusst mit Ihren Ressourcen umgehen. Sie sollen für Ausgleich sorgen und Möglichkeiten finden, immer wieder neu aufzutanken. Regelmäßige Bewegung im Freien wird Ihnen dabei sicher helfen. Vielleicht tut es Ihnen auch gut, mit Ihrer Familie etwas zu unternehmen, ein schönes Buch zu lesen oder mit Freunden einen guten Wein zu trinken. Seien Sie als Führungskraft voll präsent, sorgen Sie aber auch genauso konsequent für Ausgleich.

Bevor du andere führen kannst,
musst du dich selbst führen

- Gehe ich bewusst über die rote Linie?
- Bin ich selbst bereit, Vereinbarungen zu treffen und diese einzuhalten?
- Lebe ich meinen Mitarbeitern vor, was ich von ihnen erwarte?
- Bin ich bereit, mich weiterzuentwickeln?

Als Führungskraft im Vertrieb (noch dazu auf der ersten Ebene) haben Sie einen schwierigen Job und zugleich eine große Verantwortung. Gute Verkäufer finden auch in einem anderem Unternehmen schnell einen Job. Die Palette der Sanktionen bei der Führung von Verkäufern ist beschränkt. Das Einkommen bestimmen die Verkäufer sowieso selbst, und Kündigungen werden auch bei durchschnittlichen Leistungen nicht so schnell ausgesprochen.

Die besonderen Herausforderungen
von Führung im Vertrieb

- Vertriebsmitarbeiter haben gute Chancen am Arbeitsmarkt und sind daher relativ unabhängig.
- Provisionssysteme sind mit den Unternehmenszielen zu wenig im Einklang.
- Die Führungskraft muss sich die Akzeptanz der Mitarbeiter erarbeiten.

Die Abhängigkeit des guten Verkäufers von Ihnen ist gering, weil er das gesamte Unternehmen hinter sich weiß. Auf der anderen Seite wissen Sie sofort, welche Potenziale brachliegen, wenn Sie sich Ergebnislisten ansehen. Die Herausforderung besteht darin, „durch Ihre Mitarbeiter hindurch“ auf das Ziel hinzuarbeiten, Sie können „es“ ja nicht selbst tun und müssen deshalb sicherstellen, dass „es“ von Ihren Mitarbeitern genau in der Art und Weise getan wird, die zum Erfolg führt.

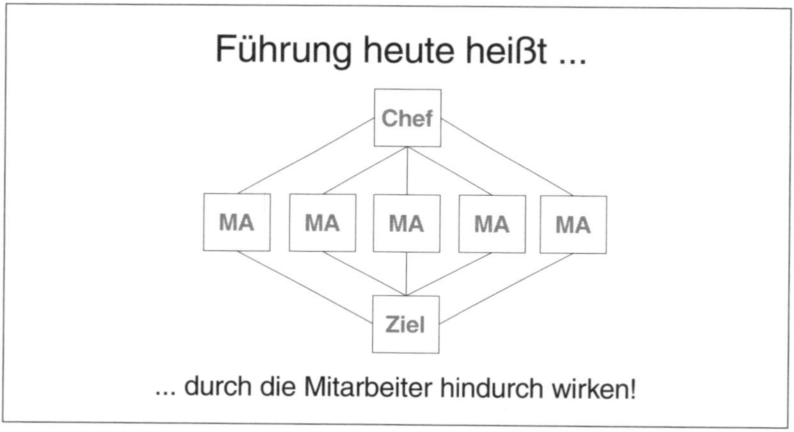

Mit direktem Führungsverhalten zum Ziel

Es gilt also, ein Führungsverhalten zu entwickeln, das fasziniert, weil es hilfreich ist. Möglicherweise wird Ihre ständige Präsenz am Anfang von dem einen oder anderen Mitarbeiter als lästig erlebt. Bald schon wird aber Ihre direkte Führung als große Hilfe erkannt und akzeptiert werden. Wenn Sie langfristig als Chef anerkannt werden und vorzeigbare Ergebnisse erzielen wollen, dann haben Sie keine andere Wahl, als Ihre Mitarbeiter so direkt wie möglich zu führen.

Die Möglichkeiten, in Einzelgesprächen und Gruppensitzungen erfolgreich direkt zu führen, habe ich Ihnen gezeigt. Jetzt bleibt mir nur noch, Ihnen viel Erfolg zu wünschen.

Danksagung

Mein Dank richtet sich an die vielen Führungskräfte und Verkäufer, die ich in meinen Seminaren und beim Coaching begleiten durfte. In der fruchtbaren Diskussion miteinander ist die Grundlage für dieses Buch entstanden.

Ich habe viele Gespräche auf Video oder Tonband aufgezeichnet und zum Teil in diesem Buch verwendet. Für die dazu erteilte Erlaubnis möchte ich mich besonders bei jenen bedanken, die Ihre Aussagen in diesem Buch wiederfinden.

Mein Dank gilt aber auch Herrn Generaldirektor Günter Geyer und Herrn Verkaufsdirektor Franz Meingast, die mich bei der Vermarktung dieses Buches intensiv unterstützt haben.

Bedanken möchte ich mich auch bei Manuela Eckstein und Margit Schlomski, Lektorinnen des Gabler Verlags, für die gute Zusammenarbeit.

Schließlich noch ein Danke an meine Familie für die emotionale Unterstützung bei der Erarbeitung dieses Buches.

Literatur

Birkenbihl, Vera F.: *Fragetechnik schnell trainiert,* Landsberg am Lech 1998

Geffroy, Edgar K.; Klose, Michael: *Verkaufserfolge auf Abruf,* Landsberg am Lech 1991

Herndl, Karl: *Auf dem Weg zum Profi im Verkauf,* Wiesbaden 2001, 2. Auflage, Wiesbaden 2004

Lundin, Stephen C: *Fish,* Frankfurt am Main/Wien 2001

Malik, Fredmund: *Führen, Leisten, Leben,* München 2001

Robbins, Anthony: *Das Power Prinzip,* Bonn 1995

Pakoßnik, Kurt H: *Vernetztes Verkaufen,* Wiesbaden 1996

Schulz von Thun, Friedemann: *Miteinander reden 1: Störungen und Klärungen,* Reinbek 1981

Seidl, Conrad; Beutelmeyer, Werner: *Die Marke Ich,* Wien 1999

Sprenger, Reinhart K: *Das Prinzip Selbstverantwortung,* Frankfurt am Main 2002

Villiger, Rudolf: *Führen. Zurück zum Wesentlichen,* Zürich 2002

Ziglar, Zig: *Der totale Verkauferfolg,* Landsberg am Lech 2002

Der Autor

Karl Herndl, Jahrgang 1961, studierte Pädagogik und Gruppendynamik in Klagenfurt. Danach arbeitete er sieben Jahre in mehreren Funktionen in einem österreichischen Dienstleistungsunternehmen in Wien, zuletzt als Verkaufsleiter.

1997 gründete er die Profischmiede, ein Unternehmen, das mit freien Kooperationspartnern im deutschsprachigen Raum Projekte und Seminare zur Verkaufsförderung durchführt.

Sein Buch „Auf dem Weg zum Profi im Verkauf" ist 2004 bereits in der zweiten Auflage im Gabler Verlag erschienen.

Kontakt:

Mag. Karl Herndl

E-Mail: office@profischmiede.at
Homepage: www.profischmiede.at